TAO - TANZ

Die fünf Wandlungsstufen menschlichen Bewußtseins

Impressum: Alle Rechte liegen bei den Autoren

Druck- und Erscheinungsort: Wien
Kalligraphien: Chau Pang-Kui
Graphische Gestaltung: Alfgard Kircher
Druck: Wiener Verlag, Himberg
ISBN: 3-900290-56-3

TAO - TANZ

Die fünf Wandlungsstufen menschlichen Bewußtseins

Kaye Hoffman / Franz Redl

OCTOPUS

Wie dieses Buch zustande kam

Als die Autoren sich kennen lernten, lag ein merkwürdiger Fall der babylonischen Sprachverwirrung vor: obwohl sie offensichtlich etwas Ähnliches meinten, benützten sie vollkommen verschiedene Worte, zwischen denen sich beim besten Willen keine Verwandtschaft bemerken ließ, es sei denn, man käme auf den dadaistischen Geschmack, Alles mit Allem irgendwie in Beziehung zu setzen und sich an dem möglichen Dialog einer Weinbergschnecke mit einem Rasierapparat zu ergötzen.

Die Lösung des Problems jedoch war einfach: die Autoren hatten Erfahrungen in außereuropäischen Kulturen und Traditionen gemacht, und pflegten nun die Gewohnheit, sich der fremden Systeme mit ihren fremden Symbolen, Namen, Begriffen und Zuordnungen zu bedienen, als seien es ihre ganz eigenen, mit denen sie sich seit Kindestagen verwurzelt fühlen durften. Und so äußerten sie sich mitunter sehr emotional, mit ganzer Person beteiligt z.B. folgendermaßen: die eine: „Typisch Yansa!" und der andere: „Immer dieses Holz!". Und dann agitierten beide in ähnlich dynamischer Art, um körperlich auf der nonverbalen Ebene auszudrücken, worum es ging.

Die Ähnlichkeit des expressiven Endergebnisses bei aller Verschiedenheit der Herkunft – Franz hatte chinesische Medizin und Tai Chi studiert und gelehrt, Kaye war den afrikanischen Göttern auf ihren Wegen vielfältiger Verkörperung nachgegangen, – überzeugte die Autoren nachhaltig von der Notwendigkeit, nun, da sie auf einer Sommerakademie für transkulturelle Heilweisen sich kennen und schätzen gelernt hatten, etwas gemeinsam zu produzieren.

Gemeinsam ist den Autoren auch die grundlegende Einstellung, daß bei aller Liebe zur Fremde und einer gewissen Sehnsucht nach Beheimatung woanders als nur in der eigenen Entfremdung, die Fremde immer fremd bleibt, und es immer nur um Übersetzungsversuche geht. Für diese Versuche bietet sich die spielerische Form an: begriffliche Fixierung ist nur vorübergehend von Vorteil, ebenso eine außerordentliche Auflistung der neuen Materialien.

Schon der amerikanische Dichter Ezra Pound hatte in seinem Bemühen, chinesische Dichtung adäquat zu erfassen und nachzudichten, darauf hingewiesen, wie fremd das chinesische Fühlen und Denken, und damit Dichten ist. Er führte es auf die Eigenart der chinesischen Schrift zurück, die sich aus Zeichen überlagerter Bilder zusammensetzt und war offensichtlich so davon begeistert, daß er seine Literaturkritik an einer abendländisch verbackenen, begrifflich überfixierten und metaphysisch abstrakten

Wortakrobatik danach ausrichtete – inwieweit auch er Kind dieser Kultur und ihrer Entwicklung war und zeitlebens geblieben ist, reflektierte er nicht.

Für manche mag es ein Unding sein, Organmeditationen mit Comic-Strip Gedankenblasen, japanische Haikus mit mitteleuropäischen Märchen in Verbindung zu setzen. Dies letztlich vor allem deshalb, weil dem Spiel der fünf Elemente eine Struktur des Kreislaufs unterliegt, hingegen im Abendland sich das Denken entlang einer geraden Linie bewegt: diese führt vom „Ursprung", der als unbewußt und archaisch undifferenziert gesehen bzw. erlebt wird, über Fortschritt hin zur Vollkommenheit, jenem Endziel, dem sich alle geistigen Bestrebungen verschrieben haben. Für uns hingegen war gerade das Fremde dieses Kreislaufdenkens eine Herausforderung: einmal darauf verzichten, ein Ziel vor Augen zu haben, nur in der Bewegung aufzugehen, erfahren, was der taoistische Spruch „Der Weg ist das Ziel" wirklich heißt.

In der chinesischen Medizin finden wir das schönste Beispiel angewandter Philosophie: der Taoismus ist durch die sehr praktischen, praktikablen Anweisungen hindurch zu spüren, ohne sich je aufzudrängen. Nie muß man „daran glauben", eher wird man es zu spüren bekommen. Die Elemente sind gar keine Elemente, sondern Wandlungsstufen, und zwar auch des Bewußtseins, also nicht nur der Welt da draußen. Dies suggeriert schon eine Weltsicht, die sich an inneren Bewußtseinsprozessen orientiert, und nicht den Ehrgeiz hat, eine Wirklichkeit der harten, objektiv unumstößlichen Fakten beschreiben zu wollen – wozu auch? Trotzdem hat sich hartnäckig der Name „Fünf-Elemente-Lehre" bei uns erhalten – vielleicht aus jenem Bedürfnis nach Entweder-Oder-Entscheidungen, das dem westlichen Denken so am Herzen liegt, und eben aus jenem tiefen Mißtrauen flüchtigen fließenden Daseinszuständen gegenüber, die sich einer logisch-kausalen Einordnung entziehen.

In der Psychologie, die eine relativ junge Wissenschaft ist, spiegelt sich der Widerstreit der Denkstile. In vielen Therapien der Humanistischen Psychologie finden wir Einflüsse östlicher Weisheit und Verwendung östlicher Meditationspraktiken. Daß das Fortschrittsdenken nicht sofort sich herausdividieren läßt, liegt auf der Hand. Nun aber zeichnen sich neuere Entwicklungen in jenen Therapien ab, die das holistische Paradigma vom Ganzen, das mehr ist als die Summe seiner Teile, ernst nehmen, insofern sie den Kontext der Familie, Gesellschaft, parlamentarischer Bestrebungen und planetarischer Verbindungen beachten.

Und auch hier, wie bei allen Wissens-angeboten, lauert die Gefahr, der lockenden Verführung neuer Identifikationsraster nachzugeben, und z.B. Yin und Yang als Argumente für oder gegen das sogenannte Weibliche bzw. Männliche vornehmlich im zwischenmenschlichen Nahkampf als esoterische Waffe einzusetzen, oder aber bestimmten Vorlieben nachzugeben, seine Symphatien für das Herz zu reservieren, das so herzig ausschaut, daß es eigentlich nur Liebes und Gutes bedeuten kann, während die Niere in ihrer zweifachen Ausführung sich gut für Raubbau und Verschleiß eignet – zumal das Element Wasser auf Faulenzerei hindeutet.

Wenngleich wir diese Verlockung durchaus aus eigener Erfahrung kennen – sonst könnten wir sie ja nicht beschreiben, bzw. kämen gar nicht auf solche Ideen – möchten wir bei den hier vorliegenden Spielangeboten vor allem auf unsere Anliegen hinweisen:

— die Erweiterung der Wahrnehmung:
  die Organe als Funktionsträger und kleine Persönlichkeiten innerhalb des Organismus. Sie sollen auch eine Stimme erhalten und gehört werden.
  Die Sinne als Zugang zur Sinnlichkeit und darüber hinaus zu einer Sinnfindung, die nicht nur erdacht, sondern auch erlebt wird.

— Die Verflüssigung des Denkens:
  So schwer es uns fällt, in stetigem Wechsel befindliche Zustände als solche wahrzunehmen, und sie weder nach vorne wie noch nach hinten als abgeschlossen zu betrachten, sondern durch eine innere Offenheit und Gelassenheit als Konsequenzen und Perspektiven miteinzuschließen, so gut tut es uns, umzudenken. Durch Synthese der beiden Gehirnhemisphären, durch Intuition und Intellekt kann eine Erweiterung des Bewußtseins entstehen. Gerade an den Übergängen und Grenzlinien entlang sich hinzutasten, bringt uns in das Vorfeld von Bewußtseinsveränderungen, von Trance bis Einsicht zur möglichen Ekstase.

— Heilung der Gefühle:
  Sind wir mit unseren Gefühlen, (mit dem Gefühlten, d.h. mit dem, was wir in der Vergangenheit fühlten), allzusehr identifiziert, so sind wir durch sie gebunden und unfrei. Sind wir allerdings mit unserem Gefühlsleben nicht in Kontakt, so macht es sich selbständig und gewinnt an Eigenmacht. Auch dadurch beherrscht es uns, wenngleich nicht so offensichtlich. Durch das gelassene, offenlassende, nicht eingreifende, nicht bewertende, nicht fixierende Betrachten unserer emotionalen Innenbewegungen erlangen wir Einsicht in das Wesen unserer geistigen Natur. Und diese Einsicht bewirkt Befreiung und Heilung.

„Sich einlassen, um loslassen zu können" sei das Motto.
Und in diesem Sinne ist ein Kreis:

ein Kreis

ist ein Kreis

ist ein Kreis

ist ein Kreis

oder doch eine Spirale?

Wie dieses Buch zu lesen ist

Eines ist sicher: nicht als der Weisheit letzter Schluß.

Es ist vielmehr als eine Art Handbuch der Spielanleitungen gedacht, was der verspielten Natur der Autoren entspricht.

Man könnte das Buch auch gerne in das Fach Unterhaltungsliteratur einreihen, das wäre in den Augen der Autoren keine Minderung der Qualität und auch des Anspruchs, Wissen auf unterhaltsame Weise zu vermitteln. Dabei ist es uns wichtig, immer wieder zu betonen: daß wir, die Autoren, so gut wie nichts wissen – seit Sokrates ist die eigene Einstufung als Nichtwisser fast schon anmaßend! – und auch auf keinen Fall die Rolle der wohlmeinenden besserwissenden Helfer übernehmen wollen.

Auch wenn in dem Buch häufig Typen angegeben sind, z.B. in der Psychosomatik, so heißt das noch lange nicht, daß ein Diabetiker wirklich liebesbedürftig und zugleich unfähig ist, dieses Bedürfnis zu zeigen bzw. zu verwirklichen, weshalb er jetzt, sozusagen zur Strafe, von Süßstoff leben und Insulin spritzen muß. Diese Typen sind für uns gängige Klischees, stereotype Beurteilungen, die die Psychologie ausstößt, um einem wachsenden Bedürfnis nach Selbsteinschätzung und Identifikation nachzukommen.

Wir haben diese Klischees als Vorlage zum Durchspielen aufgeführt, um zu fühlen, ob wirklich was dran ist oder nicht – und das kann jeder selbst beurteilen (nach dem Spiel! nicht vorher). Dasselbe gilt auch für die Visualisationen, Meditationen, Phantasiereisen und Rituale: ob sie nützen – im Sinne eines wissenschaftlich wiederholbaren Experiments von trial und error – wissen wir nicht. Sicher, wir Autoren haben vielfältige Erfahrungen in unserem Leben gemacht – wer nicht? – aber wie diese Erfahrungen nun zusammenhingen, welcher input nun genau welchem output entspricht, können wir nicht sagen. Dafür haben wir unseren Spaß gehabt. Und dies wünschen wir auch unseren Leser/Innen, bzw. Spieler/Innen.

Es gibt genügend gute Bücher über die chinesische Medizin und im ansteigenden Maße gibt es Ärzte, Physiotherapeuten, Diätologen und Heilpraktiker, die nach diesen Prinzipien handeln. Weniger gibt es allerdings Psychologen, die dem System der vielfältigen Zuordnungen etwas abgewinnen können – vielleicht, weil sie es zu ernst nehmen, anstatt damit zu spielen. Und so richtet sich dieses Buch auch vor allem an die darstellenden Künstler, an Schauspieler und Tänzer und an alle, die hinter die Kulissen des Lebenstheaters schauen möchten, wissen möchten, wie so ein Stück Leben und Erleben aufgebaut ist, welche Requisiten, Kostüme und Bühnenbilder es ausstaffieren könnten, welche Musik ... – was es dazu bedarf, diese Konstruktion und Simulation täuschend echt zu machen. Und dann, bei zunehmender Einsicht in die Wirkungsweisen dieser Wirklichkeit, könnte es uns ja auch dämmern, daß der Stoff, aus dem unsere Träume gewebt sind, derselbe ist wie der unserer Gewohnheiten, Gedankenmuster, Vorstellungen, Möglichkeiten, und somit auch Unmögliches durchaus möglich werden kann.

Die Slogans und die Comic-Sprache miteinzubeziehen schien uns reizvoll, weil es einerseits jede Assoziation der Heiligkeit hoffentlich nachhaltig zerstört, andrerseits wir darin das Wagnis einer Verbindung zwischen alter Weisheit und moderner Instant-Zivilisation eingehen wollen – wenngleich wir bezweifeln möchten, daß Chi Kung als Computerspiel noch ebenso wirksam ist wie die Erfahrung am eigenen Leibe ... aber wer weiß? Man muß auf allen Registern spielen, die eine Orgel zur Verfügung hat. Denn: es wäre doch zu schade, wenn man am Ende seines Lebens feststellen müßte, man hätte nicht um alle Quellen der eigenen Lebenslust gewußt, oder sie anzuzapfen sich verwehrt, nur weil sie nicht im Kollektivkatalog der eigenen Tradition aufgeführt sind.

Was die einzelnen Titel bedeuten:

— Haiku: Jedes Kapitel beginnt mit einer Sammlung von Gedichten, jenen Drei- oder Fünfzeilern japanischer Dichtung, die Haikus genannt werden. Diese literarische Form versucht, den Strudel übereinander gelagerter Bilder bzw. Eindrücke zu verdichten.

— Mantra: Die Summe aller Eindrücke eines Elements in ein Wort, in eine Formel gebracht

— Jahreszeit, Tageszeit, Himmelsrichtung, Klima, Farbe, Geruch, Geschmack, Emotion, Ausdruck sind traditionelle Zuordnungen, ebenso die weiteren, wobei zu erklären ist, daß das Speicherorgan grundsätzlich Yin ist und das arbeitende Werkstattorgan Yang.

— Jedes Organ für sich kann leer oder voll sein und sowohl die Leere wie auch die Fülle eine Störung des ganzen „Elements" hervorrufen. Gesund ist nur das Ausgeglichene, heil nur das, was das Mittelmaß beachtet. Schlechte Nachricht für Evolutionstechnokraten, Betreiber von Mono-Kulturen und mono-ideistische Lichtanbeter.

— Körperteil und Körperfunktion, ebenfalls die Bezeichnung der „Geistfunktion", die im Element wohnt, sind traditionell.

— Das Urbild: könnte eine Hilfe bei Visualisationen sein und ergibt sich interkulturell von selbst. Ebenso wie die Vorstellung, welche die Chi-Bewegung (die Bewegung der Lebensenergie) unterstützt und lenkt.

— Fülle und Leere deuten eine angemessene Dosierung an, deren Nichteinhaltung als Möglichkeit beschrieben wird, natürlich unverbindlich, ebenso wie die Lebensaufgabe.

— Die Funktion des Staatsdienstes ist wieder in der chinesischen Tradition gedacht: dort gibt es Ämter und Verantwortungen, die übernommen werden wollen. Vielleicht auch bei uns?
Besonders Kinder beteiligen sich lustvoll am Spiel der Machtverhältnisse – warum sie nicht auf dieser Ebene ansprechen und ihnen die Verantwortung der einzelnen Organe anschaulich klar machen?

— Die Organzeit ist ebenfalls traditionell festgelegt und könnte zu umstürzlerischen Experimenten anregen – wie wäre es, wenn alle die Potenz ihrer Leber nach Mitternacht erkunden würden ... gäbe es dann Ladenschluß wie in New York?

— Die Psychosomatik führt uns mitten in das Reich der Klischees – oft basieren sie auf Wortspielen und umgangssprachlichen Wendungen – man muß sie nicht allzu ernst nehmen ... – als Anregung.

— Die Psychologie kommt wiederum aus der chinesischen Tradition und bietet ein Verständnis für Gefühle an, das diese nicht als abgeschlossene Einheiten, sondern als Mischgebilde verschiedenster Schattierungen und Nuancen sieht.

— Krankheitsdispositionen sind, wie gesagt, immer nur Dispositionen und können, idealerweise, die Phantasie anregen, bevor der Körper „dran glauben muß".

— Und natürlich ist auch der Hinweis Drogen/Süchte nicht als Aufforderung, es doch einmal damit zu probieren, zu verstehen, sondern als Hinweis auf ein Surrogat, d.h. auf einen künstlichen Ersatz, der wiederum durch Stärkung der organischen Kräfte eventuell ersetzt werden könnte (soweit sind wir schon, daß wir Künstliches durch Echtes ersetzen möchten! – nun ja, warum nicht mal umgekehrt?)

— Therapie ist mehr ein Angebot an möglichen Unterhaltungen – oft auf Krankenkasse!

— Die Definition der Fähigkeit soll ein Hinweis auf die innewohnende Kraft des Elements sein: besonders in der Hypno-Therapie und der system-orientierten Familientherapie gibt es eine Tendenz, weniger nach den Defiziten zu fragen und so ein Mangelbewußtsein zu verstärken, sondern nach den Ressourcen zu forschen – diese sind eben die Fähigkeiten, die oft nicht bewußt sind, d.h. unbewußt vorhanden, aber nicht für das Bewußtsein abrufbar und verfügbar – manchmal nicht mal als Vorstellung. Dem kann übrigens abgeholfen werden ...

— Der heilige Klang, das Spiel des Tieres, die Organ-Übung, sind aus der chinesischen Medizin, dem Tai Chi, Wu Shu, dem Chi Kung.

— Die Organübungen sind mit einem Laut verbunden, welcher den entsprechenden Körperteil zum Schwingen bringt und durch die entsprechende Visualisation der Farbe verstärkt wird.

— Die Atemübungen für die Tiere sind eine kleine Auswahl von überlieferten Tierübungen und es finden sich in Chi-Kung-Büchern noch viele andere. Auch die Zuordnung zu den einzelnen Wandlungsstufen ist nicht einheitlich geregelt, dafür ist die Herkunft der Übungen zeitlich, im Sinne einer traditionellen Entwicklung, und auch räumlich zu verschieden. Unsere Zuordnung orientiert sich hauptsächlich an der Wirkung auf die Meridiane, welche dem jeweiligen Wandlungszustand entsprechen. Absichtlich unterlassen haben wir die Darstellung der einzelnen Meridiane, weil es sowohl genügend gute Bücher darüber gibt (siehe auch Literaturliste), als auch weil der spielerische Zugang am Anfang erhalten bleiben soll.

— Die Gangart ist aus dem japanischen Butoh-Theater. Sie hat etwas mit den verschiedenen Butoh-„Techniken" zu tun – Techniken, die von innen kommen und sich z.T. in sehr minimalistischen Bewegungen Form suchen, ohne sich eines dargestellten Ausdrucks zu bedienen. Als Hilfe dazu werden Vorstellungen vom Urbild, von der Energie-Bewegung, Märchen etc. verwendet. Bei allen Wandlungsstufen geht es nicht darum, etwas auszudrücken, sondern in das Gefühl „zu kommen" und es von Innen nach Außen zu bringen. Die Schritte sind einfach und sehr langsam ausgeführt, so daß die Aufmerksamkeit bei einem selbst bleiben kann. Es ist nicht nur die Bewegung, die sich nach Außen mitteilt, vielmehr die Qualität des Wandlungszustandes, bzw. dessen Energie.
Ausgangshaltung ist immer die aufrechte Wirbelsäule, welche im höchsten Punkt des Kopfes wie an einem Seidenfaden aufgehängt die Verbindung zum Himmel darstellt, die Füße als Verlängerung nach unten die Verbindung zur Erde.

— Bewegungsform, Bewegungsfunktion sparen viele Zwischenworte und sind als Kategorien zwischen Philosophie und Gymnastik einzuordnen.
Was dann folgt, ist das Ergebnis westlicher Mutmaßungen, als erstes die Meditationen, wie sie zum Teil von Rajneesh Bhagwan entworfen wurden. Die Meditationen – zu denen es übrigens auch extra entworfene Musik plus Anleitung gibt, und noch ein Buch, in dem sie alle aufgeführt sind – sind ein guter Einstieg für den Westler in die Beschaulichkeit des Ostens – seinem Drang nach Toben und Sporteln wird ausgiebigst Rechnung getragen!

— Die Partnerübung stammen aus westlichen körper-orientierten Therapien, aus der Eutonie oder dem Contact-dance.
Ebenso die bioenergetische Übung.

Wer mehr davon will, kann sich über zahlreiche Bücher informieren!

— Die Mudras, die im indischen Tanz bestimmte Handhaltungen und Gesten meinen, sind hier die archetypischen Handhaltungen, die, auch wenn sie noch so unbemerkt und reduziert ausgeführt werden, eine große Kraft haben, insofern sie der Eigentümer der Hand mit der Bedeutung der Geste verbindet. Diese Verbindung wird „Verankerung" in der Hypnotherapie genannt: manchmal reicht es schon einfach, die Handhaltung (auch unterm Tisch) einzunehmen, um sich der Bedeutung und damit der seelisch verankerten Kraft bzw. Fähigkeit zu erinnern.

— Die Maske soll hier ein bestimmter Gesichtsausdruck sein. Über das bewußte und gekonnte Nachspielen ist es möglich, Stimmungen und Gefühle zum Ausdruck zu bringen und damit die Reaktion bzw. Interaktion mit dem Umfeld zu beobachten.

— Dies ist auch der Sinn der Improvisation.

— Rollenspiel und Drama sind Spielanleitungen ohne Gewähr. In der Figur ist jene archetypische Konstellation gemeint, die energetisch geladen ist und Faszination auf uns ausübt, wenn wir ihr im Spiel oder auch in der Realität begegnen.

— Dazu gehören die Angaben über Slogans, Comics, Geräusche, Instrumente, Klänge, Rhythmen, Musikbeispiele, Gerüche und Düfte, Kostüme, Ort- und Zeitangaben, Perspektiven, Bühnenbilder, Bauten, Buffet und Räucherwaren. Sie wurden von uns in Ritualen und Festen erprobt und als stimmungsmachend eingeschätzt. (Getreide, Art und Weise der Zubereitung ebenso wie die Gewürze, die stärkend und beruhigend wirken, sind traditionell festgelegt und gehören zur Küche der chinesischen Medizin.)

— Die Phase der Märchen versucht, eine Brücke zu bauen zwischen chinesischem Wandlungsdenken und mitteleuropäischem prozeßorientiertem Wissen, das sich z.B. am besten in der Alchemie manifestiert, – außerdem sich auch in den Märchen, die vielleicht zum Übermittler alten, verlorenen Wissens wurden, finden läßt. Bei den Märchen ist der Vorteil, daß sie jeder kennt. Daran knüpfen sich die Phantasien und auch die Rituale.

Regelkreise

Es mag verwunderlich erscheinen, nicht zuerst das Material der technischen Details und Einzelheiten aufzulisten, sondern gleich mit den Mustern der Beziehungen und Verbindungen zu beginnen. Und dennoch erscheint uns gerade diese Vorgehensweise als Ausdruck genau dessen, was wir anstreben: eine Betonung des unsichtbaren Netzwerkes.

In unserer Arbeit haben wir Bewegungsrituale erfunden, die es uns ermöglichen, eben diese Verbindungen und Beziehungen sinnlich zu erleben. Wir haben uns an das Muster uralter Rituale gehalten: z.B. die Pilgerreise, die Prozession, die von Station zu Station führt, oder auch jene »Rites of Passages«, jene Übergangsrituale, die Reife ermöglichen und gleichzeitig Identität im Wechsel stabilisieren.

Die einfachste Form ist ein Vorwärtsgehen in Form eines Kreislaufs.

Beginnen wir mit dieser Form.

Schon der Wechsel der Jahreszeiten suggeriert ein Vorwärtsdenken entlang der linearen Veränderung, die durch die Abfolge von Zeit bedingt ist. Es gibt allerdings eine Tendenz im abendländischen Gefühlsdenken, die im Winter einen Endpunkt der Entwicklung sehen will, so daß es des Übergangs zum Neuanfang im Frühling einer besonderen Mühe und Anstrengung, eventuell eines Opfers bedarf. Wir assoziieren leicht den Winter mit Ende und Tod, d.h. auch Ewigkeit, und haben aufgrund dieses linear sich abspulenden, begrenzten Zeitfilms wenig Vertrauen zu einer zyklisch sich wiederholenden Wiederkehr. Besonders sind deshalb die Übergänge, vor allem die von Winter und Frühling zu üben.

Grundlegende Form zu allen Bewegungsritualen ist das Aufzeichnen eines Kreises und Eintragung der fünf Elemente als fünf Stationen. Diese können gekennzeichnet werden durch bestimmte Objekte, Farben und Musiken, Gerüche etc.

Erstes Ritual wird sein, im Uhrzeigersinn den Kreis zu durchwandern und die Wahrnehmung dafür zu schärfen, was bei den Übergängen passiert. Als Gruppenritual empfiehlt es sich, am Anfang nacheinander die entsprechenden Musiken zu spielen, später, wenn möglich, alle gleichzeitig, sodaß sich der Einzelne von innen heraus und von Ort zu Ort bewegen kann, wie es seinem Körper und Organismus angemessen erscheint. Diese Vielfalt und Auswahl der Möglichkeiten bewirkt oft eine Art leichter Trance.

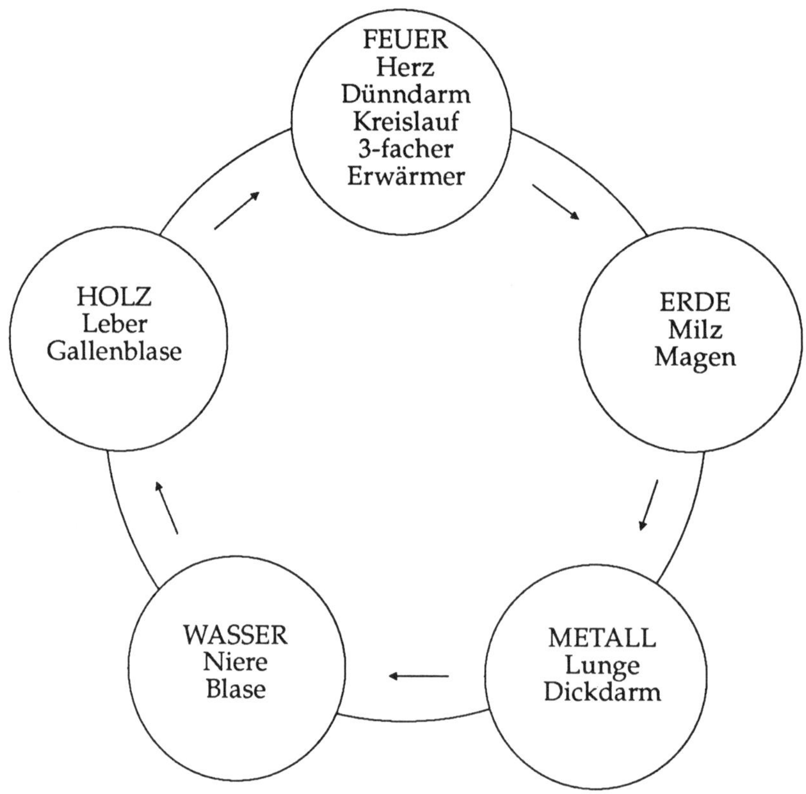

Fütterungszyklus:

Allgemein gesagt: Das Mutter-Element ernährt das Kind-Element

Holz ernährt Feuer

Feuer ernährt Erde

Erde ernährt Metall

Metall ernährt Wasser

Wasser ernährt Holz

Entgegen unserer Gewohnheit, in den Tag bzw. in die Zukunft hinein zu leben, konfrontiert uns das Ritual des Erschöpfungszyklus mit der Aufgabe, nach hinten und in die Vergangenheit uns zu versetzen, bzw. uns zu bewegen. Wir gehen die Situation rückwärts, also gegen den Uhrzeigersinn ab.

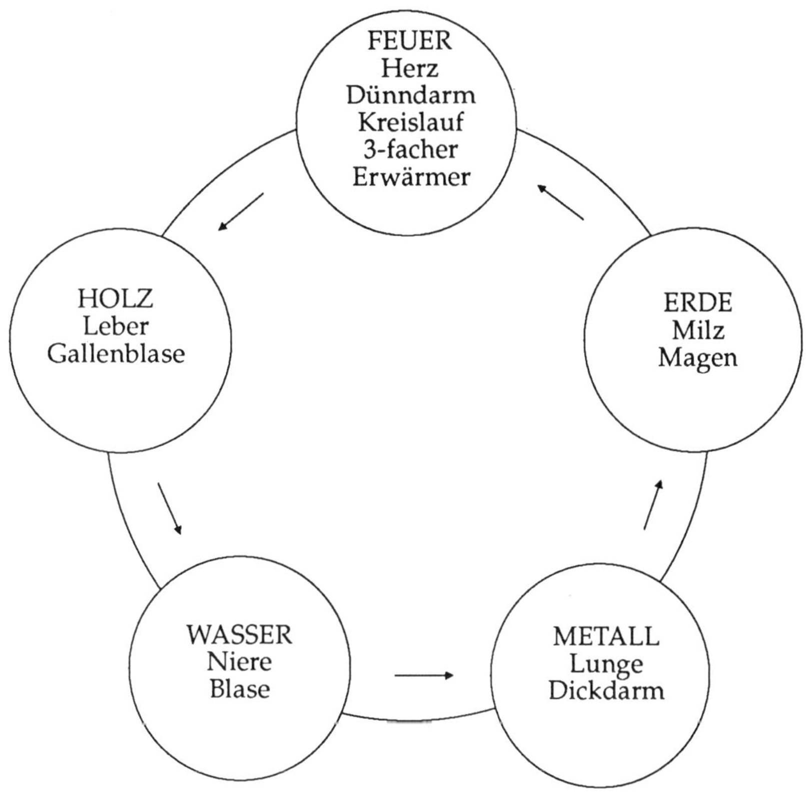

Erschöpfungszyklus

Allgemein gesagt: Das Kind-Element entzieht/erschöpft das Mutterelement

Holz erschöpft Wasser

Feuer erschöpft Holz

Erde erschöpft Feuer

Metall erschöpft Erde

Wasser erschöpft Metall

Für die Reise durch den Kontrollzyklus brauchen wir die Verbindungslinien zwischen den Stationen, sodaß das Zeichen des Pentagramms entsteht.
Der Kontrollzyklus bedeutet das Zerstören, Hemmen, Beherrschen. Hier werden die Verbindungen so weit gefaßt, sodaß sie z.B. im familiären Kontext eine Generation überspringen. Das bedeutet, daß die Großmutter (z.B. Feuer) das Enkelkind (z.B. Metall) beeinflußt. Diese Beeinflussung kann sowohl verstärkender als auch erschöpfender Art sein, je nachdem, ob die Großmutter zu stark oder zu schwach ist. Der Kontrollzyklus ist besonders geeignet zur Behandlung mehrerer erkrankter Organe.

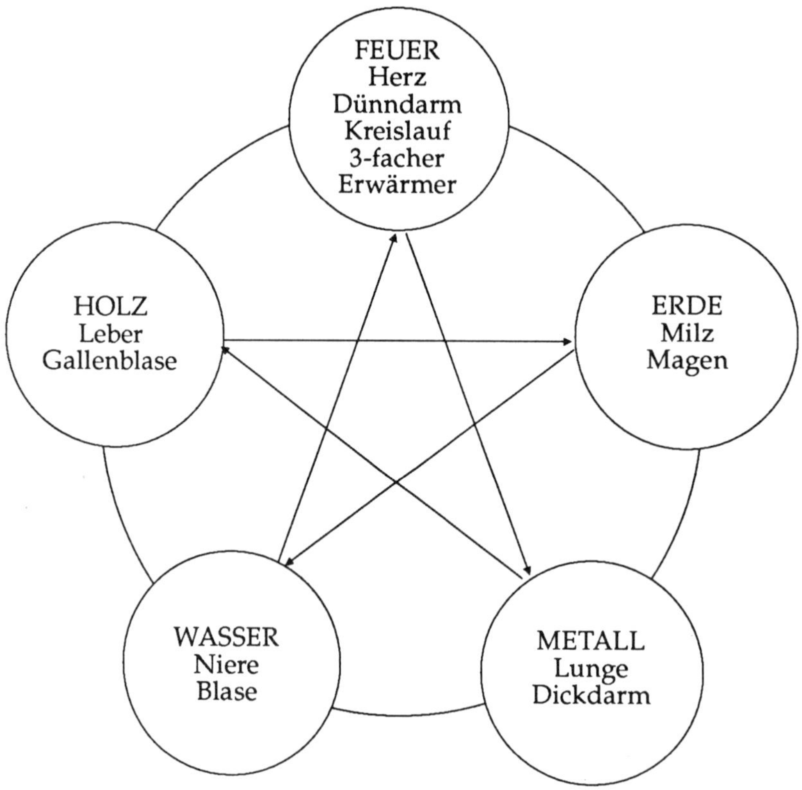

Kontrollzyklus

Allgemein gesagt: Die Großmutter kontrolliert/verletzt das Enkelkind

Metall schneidet Holz

Holz durchdringt Erde

Erde absorbiert Wasser

Wasser löscht Feuer

Feuer schmilzt Metall

Die Umdrehung des Kontrollzyklus ist der Reizzyklus, d. h. das Enkelkind mißachtet die Großmutter.

In der Krankheitsentwicklung bedeutet das: wenn sich ein Element in großer Fülle befindet, z.B. Feuer, dann wendet sich dieses gegen das Element, von dem es normalerweise beherrscht wird, z.B. verdampft Wasser.

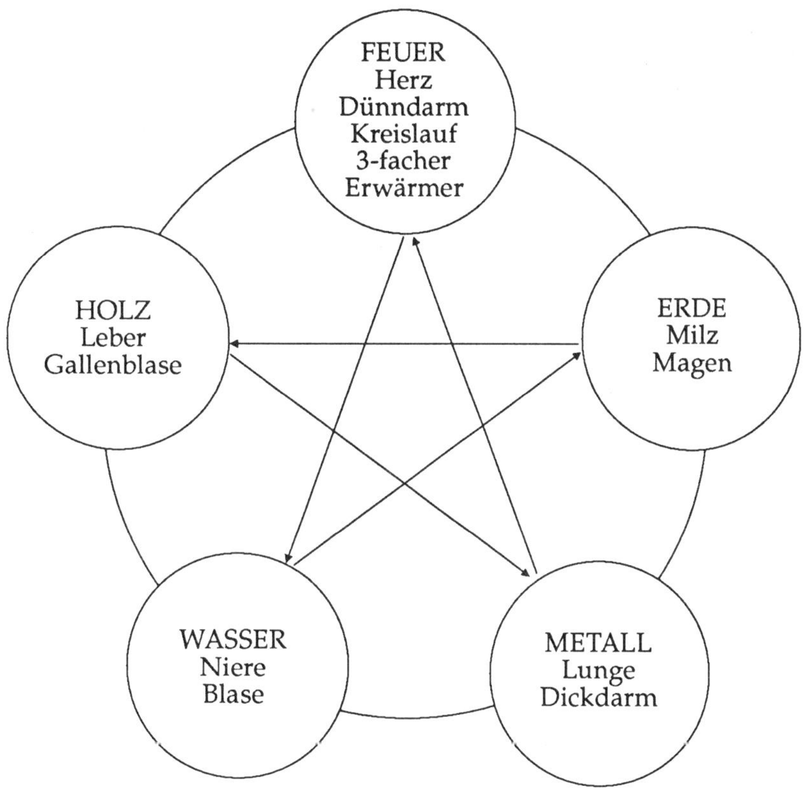

Reizzyklus:

Allgemein gesagt: Das Enkelkind mißachtet die Großmutter

Feuer verdampft Wasser

Wasser erweicht Erde

Erde erstickt Holz

Holz stumpft Metall

Metall entzieht Hitze aus Feuer

Als letztes sei der Bruder-Schwester-Zyklus genannt. Er bedeutet die enge Zusammenarbeit von Yin-Organ und Yang-Organ derselben Wandlungsstufe.

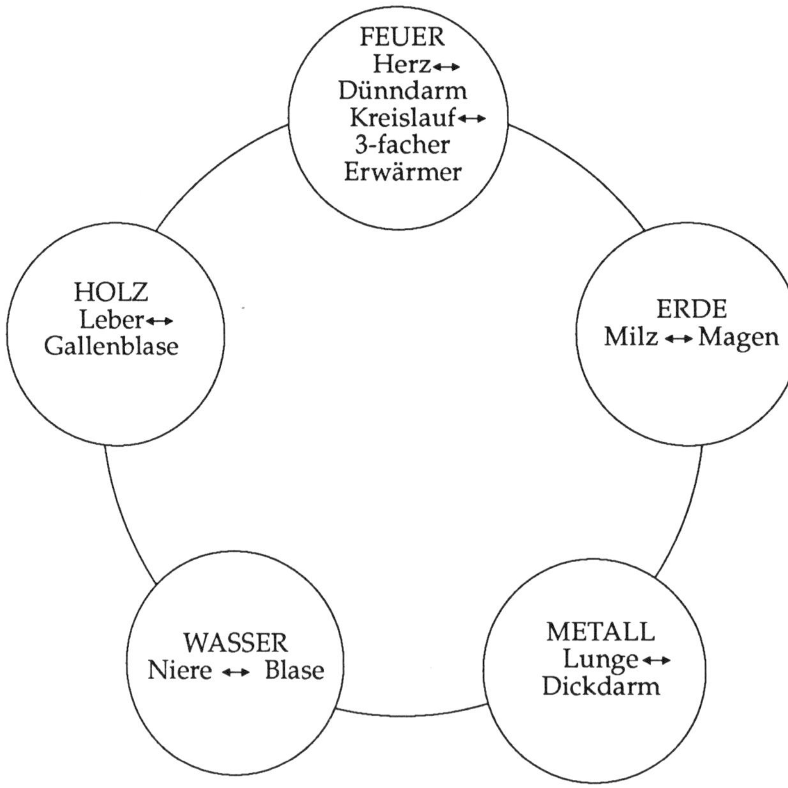

Bruder-Schwester-Zyklus

Allgemein gesagt: Bruder und Schwester unterstützen einander, entsprechende Abhängigkeit von Yin-Organ und Yang-Organ

Holz - Leber Gallenblase

Feuer - Herz Dünndarm bzw. Kreislauf 3-facher Erwärmer

Erde - Milz Magen

Metall - Lunge Dickdarm

Wasser - Niere Blase

In der chinesischen Medizin werden diese Zusammenhänge und Kreisläufe für die Diagnose und Therapie verwendet. Bei unserer Arbeit geht es uns hauptsächlich darum, die anschließend angeführten Zuordnungen (Gerüche, Farben, etc.) auf einer non-verbalen, also nicht-begrifflichen Ebene sinnlich und am eigenen Leibe zu erfahren. Daher ist es uns wichtig, daß die einzelnen Elemente nicht ausschließlich für sich und isoliert sowohl gelesen wie auch durchgespielt werden, sondern immer wieder die Querverbindungen und Bezüge zum Ganzen beachtet, bzw. spielerisch umgesetzt werden.

HOLZ

Für alle Türen
Ist der Dreck der Holzschuhe
Der Frühlingsanfang.
(Issa)

Wie Himmelswolken
Die sich die Berge hinziehen
So fest verschlossen
Ist meines Herzens Tiefe ...
Weiß es das Blatt vom Baume?
(unbekannt)

Der Frühling fängt an
Und von neuem kehrt Dummheit
Auf Dummheit zurück.
(Issa)

Von allem, was fliegt,
Nichts weiter als die Wolken
Dort auf dem Felsen.
(Basho)

In all dem Regen
Die Lerche sich leicht schüttelnd
Zum Himmel auffährt.
(Sanki)

Wenn des Bergbachs Brausen
seine große Zunge ist
ist nicht dann nicht der Berge
Fernblau sein reiner Leib?
(Spruch des Zenrinkushu)

Wutwind, immer wieder

Jahreszeit:	Frühling
Tageszeit:	Morgen
Himmelsrichtung:	Osten
Klimatische Entsprechung:	Wind
Farbe:	grün
Geruch:	ranzig
Geschmack:	sauer
Emotion:	Wut, Zorn, Erregung
Ausdruck:	schreien
Speicherorgan:	Leber
Werkstattorgan:	Gallenblase
Sinnesorgan:	Augen
Sinnesfunktion:	sehen
Körperteil:	Muskeln und Sehnen
Körperfunktion:	Bewegung

Geistfunktion:

hun (oder rhon) ist die Seele, die in dem Haus der Leber wohnt. Alle emotionalen Belastungen schlagen sich erst einmal auf die Leber. Hun wird der Schatten von shen, dem Geist genannt. Hun entspricht unserer Vorstellung von einem Unbewußten, in dem sich unter anderem Botschaften der Familientradition als Informationen erhalten. Wir sprechen dabei von einem „Lebensskript" und meinen alle jene unbewußten Anweisungen, nach denen ein Mensch sein Leben gemäß einer Art unbewußten Fahrplanes aufbaut und sich darin zu verwirklichen glaubt, auch wenn die Entscheidungen nicht wirklich die seinen sind. Dieser Lebensplan spielt in die Träume, Konzepte und Visionen hinein, und stellt jenen Bereich des Innenlebens dar, der von sich aus schon einen gewissen Anteil an Spannungen und Konfliktmaterial liefert. Dieser Bereich ist auch für die unbewußte und organische Disposition des Abwehrsystems zuständig: ob dieses stark oder schwach ist, hängt von hun ab. Hun ist aber nicht nur der schicksalgebundene Träger von tradierten, unreflektierten Konzepten, sondern bedeutet auch jene Fähigkeit und Kraft, immer von neuem und völlig unvoreingenommen aufzunehmen: zu wachsen, wie eine Pflanze wächst.

Urbild: Baum

Vorstellung: die Pflanze, die alle Kraft sammelt, um durch die Erde hervorzubrechen

Chi-Bewegung: Durch Erregung steigt das Chi nach oben und will sich gleichförmig nach oben bzw. vorne hin wachsend ausbreiten

Leere: verharrt in Passivität, Schwermut

Fülle: zuviel Zorn bringt das Chi nach oben – Gefahr, nicht mehr „runter zu kommen"

Lebensaufgabe: Beseelung
auch das Wort Animation will letztlich nichts anderes heißen, da „anima" lateinisch: die Seele heißt. Doch hat Animation mehr den Beigeschmack von Motivation, Mobilisation – dies entspricht durchaus der Funktion von Holz.

Staatsdienst: die Leber ist der Stratege im Reich, er übernimmt die Führung des Heeres, die Gallenblase hingegen sorgt für die Ausrüstung der Mannschaft, für ihren guten Zustand und die Ausstattung, sie trägt zur Verwirklichung des Planes bei. Beide sind aufeinander angewiesen, denn wenn es nur Planer gäbe, könnte nichts entstehen, ebensowenig, wenn es nur blindwütige Aktivisten wären, die etwas auf die Beine stellen wollen.

Organzeit: Leber: 1.00 – 3.00
Gallenblase: 23.00 – 1.00

Psychosomatisches Klischee:

Die Leber ist das Zentrum des Stoffwechsels. Sie hat mehrere Funktionen: Die Energieproduktion: sie baut aus der Nahrung Glukose auf. Alles Fett erreicht die Leber und kann hier verbrannt, also in Energie umgewandelt werden. Die Energiespeicherung: sie baut Glykogen-Stärke auf und lagert etwa 500 Kilokalorien ein. Darüber hinaus aufgenommene Kalorien werden in Fett umgewandelt und in Fettdepots im Körper gespeichert. Der Eiweißstoffwechsel: die Leber kann Aminosäuren aufbauen ebenso wie alte abbauen. Das Eiweiß ist in der Herkunft verschieden, aber die Aminosäuren, die Bausteine des Wachstums, sind gleich. Die Entgiftung: Körpereigene und fremde Gifte werden inaktiviert und über Niere und Gallenblase ausgeschieden. Die Leber unterscheidet zwischen giftig und un-giftig, was nützlich und schädlich, stärkend und schwächend ist. Die Leber eines Menschen, der ständig „sauer" ist, ist überfordert.

Gallenstörungen können bei Menschen auftauchen, die zwar ihren Ärger bewußt erleben, aber ihm nicht genügend Aus-druck verleihen. Dadurch entsteht ein Energiestau in der Galle, der sich in den Gallensteinen zeigen und darin seine Form der kompakten, konzentrierten Manifestation finden kann. Ein Mensch, der sich ständig ärgert, ist ständig gereizt – die Galle läuft ihm über, er spuckt Gift und Galle, bezieht alles auf sich, ist gekränkt, beleidigt, aber kann sich nicht adäquat äußern. Sein cholerisches Temperament muß sich im Schmerz der Koliken und in dem gesellschaftlich als berechtigt anerkannten Schmerzensschrei Ausdruck verschaffen.

Psychologie: Die Kraft des Holzes wird das junge Yang genannt.
Es ist die Kraft, die bei der Geburt benötigt wird, und so ist auch das Holz das erste Element im Zyklus. Holz hat mit Beginn und Neubeginn zu tun. Ein schwaches Holz zeigt sich in Apathie, Resignation, Depression. Die „Wut im Bauch", die sich oft jahrelang aufgestaut hat, kommt oft daher, daß sich ein Mensch nicht frei entwickeln konnte, überall Druck und Bindungen ausgesetzt war und so ständig frustriert wurde. Oft sind es besonders trotzige und rebellische Kinder, die irgendwann einmal in ihrem Impetus, sich durchzusetzen und ihr Leben zu gestalten, dermaßen gebremst wurden, daß sie aufgeben und nun mit Bitterkeit oder chronischer Reizbarkeit, mit einem cholerischen Temperament oder auch einer masochistischen Leidensfähigkeit sich den klaren, kommunikativen Ausdruck der Aggression versagen: ihre „blinde Wut" vergrößert noch die Unklarheit – für sich und für die Anderen. Die Fähigkeit, Konflikte zu erkennen und zu bewältigen, Aggressionen eindeutig zu formulieren und sich so zu artikulieren, daß Veränderungen im zwischenmenschlichen Bereich möglich sind, gerät immer mehr aus der Sichtweise.
Bei Belastung reagiert Holz mit eiserner Disziplin, Kontrolle und Selbstbeherrschung.
Die Emotion des Holzes findet in der Verbindung mit anderen Elementen seine Nuancen:

Holz-Wut kommt aus der Behinderung, zeigt sich in Unkreativität, Antriebslosigkeit; Erstarrung.

Feuer-Wut kommt aus frustrierter Lust, zeigt sich verzehrend, expansiv, macht süchtig.

Erd-Wut kommt aus einer ungelösten Vergangenheit, zeigt sich in einem fixierten selbstgerechten Nachhaken.

Metall-Wut entsteht durch Ungerechtigkeit, zeigt sich in hilfloser Wut.

Wasser-Wut kommt aus der Angst, zeigt sich in „Bleicher Wut".

Krankheitsdispositionen:

Auto-aggressive oder Autoimmunerkrankungen: der Körper produziert Abwehrstoffe gegen sein eigenes Gewebe. Er kann nicht mehr unterscheiden zwischen Freund und Feind, da er in ständiger Kampf- und Abwehrbereitschaft ist. Unangemessene Wutausbrüche, Tobsuchtsanfälle, zu denen sogar die Epilepsie als eine Form energetischer und zugleich destruktiver Entladung gerechnet werden kann. Die Neigung zum energetischen Stau ebenso wie zur muskulären Verkrampfung. Dies kann soweit gehen, daß die tatsächliche Fortbewegungsmöglichkeit drastisch reduziert wird und damit das resignierte Weltbild, nach dem „nichts mehr läuft", bestätigt. Dazu gehören „das Zipperlein", das eigentlich eine Alterskrankheit ist und ein vorzeitiges Altern anzeigt: Gicht, rheumatische Erkrankungen.

Drogen/Süchte: harte Drogen wie Heroin, Kokain, auch Aufputsch-Tabletten, Weckamine, Amphetamine, Spritzen, Pushen

Therapie: Freude an der Fortbewegung entdecken, Bewegungen lernen, Bewegungsspielraum aufbauen und erweitern, Formen der positiven Aggression lernen, Kampfsportarten, Fechten, aber auch auf verbaler, emotionaler Ebene das Streiten lernen, sich den Konflikten stellen, die Auseinandersetzung üben.

Buffet-Rezept:	Rohkostteller, zusätzlich mit sauren eingelegten Gemüsen; Weizenbier, (zusammenziehende Tees)
Getreide:	Weizen, Roggen
Zubereitung:	dämpfen, roh, grobe Zerkleinerung
stärkend:	Süßholz
beruhigend:	Salbei
Räucherwaren:	Myrthe, Lorbeer, Muskatnuß

Fähigkeit: Die Kraft des Holzes liegt in der Vision. Erfindergeist, Unternehmungswillen, Initiative, Kreativität, positive Aggressivität: die Fähigkeit, aus sich herauszugehen (aggredire heißt lateinisch nichts weiter als an-gehen) etwas anpacken, Risiken eingehen, Lösungen finden, die vorher nicht im Bereich des Möglichen, also außerhalb des Gewohnten lagen.

sü

ist der heilige Klang

Organübung: Leber

Ausgangsbewegung: Schulterbreiter Stand mit lockeren Knien, Bauchatmung, mit dem Einatmen die Knie strecken, als wollte man dadurch die Energie leicht anheben. Wenn möglich, nun mit gestreckten Knien den Oberkörper über den Unterkörper nach unten abrollen, sich aushängen, dabei ausatmen.
Hochkommen mit Hochheben der Arme über den Kopf und aus dieser gereckten Position, mit dem Ruck des Hauruck, mit dem Laut sü und mit gestreckten Knie die sich anwinkelnden Ellbogen zur Mitte des Bauches bringen.
Das ist die Energie, die die Pflanze braucht, um im Frühling als wachsender Keim den Erdboden zu durchstoßen.
Entspannte Ruheposition: Schließen der Augen, nach innen gehen, nach innen schauen,

wohlwollend lächelnd sich eine spiralenförmig annähernde Verbindung zwischen Augen und Leber vorstellen, dazu die Vergegenwärtigung der Farbe Grün, damit die Leber ihren idealen Tonus findet, sich reinigen kann.

Visualisation: knack-grüne Leber schafft es spielend

Tier: Drache

Drachenübung:

Ausgangsposition ist schulterbreiter Stand, Füße parallel, Knie locker.
Handhaltung: der Drache breitet seine Flügel aus.
Daumen, Mittel- und Zeigefinger strecken sich zu einem Dreizepter aus, bilden das Gerüst von Batmans Flatterkostüm.
Der Bewegungsablauf führt die rechte Hand vorne über die linke Seite von unten nach oben, wobei die Handfläche nach außen schaut, während die linke ausweichend mit einer Verdrehung der Wirbelsäule nach hinten pendelt. Die Rechte hat die obere Kreisbahn erreicht und beginnt die Einschraubung aufzulösen, die Linke erhebt sich dabei mühelos, holt die Rechte ein: Abheben zum Flug, ein Moment größter Ausbreitung. Dann majestätisches Sinken beider Flügel, Rückkehr zur Ausgangsposition, wobei die Handflächen weiterhin nach außen schauen, erst Ellbogen, dann Handgelenke abgewinkelt sind, Flugspannung erzeugen, und im Wechsel Entspannung.
Die Füße bleiben auch bei der Diagonaldrehung parallel, während das Gewicht sich auf die entgegengesetzte Seite der aktiven Flughand verlagert, also nach links. Mit dem Aufsteigen der Flughand strecken sich kurz die Knie, geben dann wieder nach.

Das Einatmen begleitet die Bewegung des Aufbruchs, der Vorbereitung zum Start. Das Ausatmen begleitet die Entspannung, das Sinken, das Schweben, Fliegen selbst.

Die Energie ist aufsteigend, ausholend, wie das Aufziehen einer Uhr durch Drehen wie das Winden der Schraube. Dann erfolgt die Auflösung der Windung, Rückkehr zum Gleichgewicht, ruhenden Pol der Mitte.

Gangart: Stampfen

Ausgangsposition ist schulterbreiter Stand, Knie locker. Das Aufstampfen geschieht nur mit dem Fußballen, und zwar ungefähr 45 Grad seitlich nach vorne. Du baust eine Spannung im ganzen Körper, aber hauptsächlich im Bein auf, der du nicht nachgibst, bis sie unerträglich wird und die Ferse in einem zweiten Schlag auf den Boden knallen läßt. Dann erst ist das ganze Gewicht verlagert und die Spannung für einen Moment in der Entladung abgebaut, um sogleich auf der anderen Seite wieder aufzubauen. Es ist wichtig, diesen Stampfschritt am Anfang sehr langsam und rhythmisch präzis gegliedert zu machen, bis der Rhythmus des Zweitakters sich verselbstständigt hat und von selber dich führt. Dann erst kann der Schritt dich mit Kraft aufladen und sich beschleunigen. Dadurch kann sich auch der stimmliche Ausdruck in Rufen und Schreien artikulieren und dich in dieser Energieform des Antreibens verstärken.

Bewegungsfunktion: Aufbruch, Durchbruch, Ausbruch (wenn ein gleichförmiges Wachstum nach rechts wie auch nach links behindert wird)

Bewegungsform: energiegeladene Bewegung, Hüpfen, Springen,Stampfen,Schütteln
In Frühlings- und Befruchtungstänzen herrschen Bewegungen des Stampfens und Springens, Hüpfens vor, entsprechend z.B. der Vorstellung, das Gras solle zum Wachsen animiert werden: je höher die Tänzer springen, desto höher mag das Gras wachsen. Im englischen Verb to hop (= springen) soll eine Verbindung zu hope (= Hoffnung) zu erkennen sein.

Meditationsform: dynamische Meditation

Das Hüpfen und chaotische Atmen hat vor allem eine reinigende Funktion. Man stellt sich vor, alles rauszuatmen und in die Erde zu stampfen, was an Last an einem hängt. Die Sekte der Shakers, die nach ihrem Ritus des Schütteltanzes benannt wurde (to shake = schütteln) vertrat die Ansicht, bzw. pflegte die Praxis, durch das Schütteln die Sünden im Menschen auszutreiben. In der alltäglichen Gewohnheit, sich vor Ekel und Abscheu zu schütteln, spiegelte sich diese Praxis, wenn auch unbewußt betrieben, wieder.

Partnerübung:

Kampf mit Holzstäben, elementare Übung aus dem afro-brasialianischen Makulele: Die Partner stehen sich mit je einem ca. 1 m langen Holzstock von handlichem Durch-

messer gegenüber. Die Stellung ist: Hüften frontal, Füße Parallel, hüftbreit, Knie entspannt und durchlässig. Der Stock ist in der rechten Faust. Die Bewegung des Ausholens mit dem Stock geschieht zunächst langsam, sodaß die Eröffnung des Atemraums unter den Achselhöhlen bewußt mitvollzogen werden kann. Die Stöcke treffen voll und gezielt aufeinander, so daß sich ein satter praller Knall-Ton ergibt. Sie rutschen nicht ab oder gehen daneben: sie kreuzen sich und ein weiterer Schlag mit dem Stock aus der Hand, die zurückkehrt (ganz als würde man erst mit der inneren und dann mit der äußeren Handfläche eine Ohrfeige verpassen) bestimmt schon den gemeinsamen Rhythmus, der nun durch die Abfolge von Schlägen entsteht.
Wenn kein Partner sich zur Verfügung stellt, kann eine Trommel Dein Partner im rhythmischen Schlagen sein und dich die Kunst lehren, „auf die Pauke zu hauen", sodaß daraus sogar Musik entsteht.

Bioenergetik: Eine Vorübung zum Abschütteln

Du stehst, hüftbreit die Füße und parallel, die Hüften sind frontal und bleiben es während der ganzen Übung. Dies ist wichtig, um nicht die Hüftgelenke und Bandscheiben durch Twist-Bewegungen zu strapazieren. Ebenso sind die Kniegelenke so eingerichtet, daß die Oberschenkel genau über den Unterschenkeln aufgebaut sind wie die Ziegel einer geraden Wand sich aufeinander schichten und genau im Lot sein müssen, um nicht nach einiger Zeit wacklig zu werden und damit den Mörtel zu überfordern. Die Knie sind nicht durchgestreckt, aber auch nicht soweit gebeugt, daß es einer besonderen Anstrengung bedürfte. Wenn nun die Fersen sich vom Boden wegheben, als wollten sie einatmen, so gleicht das Kniegelenk aus, indem es ein wenig sich weiter beugt. Dann, mit dem Ausatmen, kommt die Ferse mit einem satten vollen Stampfton auf die Erde nieder, als fiele alles, was abgeschüttelt worden ist, durch die hohle Röhre der Beine durch die Ferse hindurch in die Erde hinein. Dabei stellst du dir auch später beim Schütteln immer wieder eine vertikale Röhre vor, die den abgeschüttelten Überfluß in die Erde hineinleitet und so erdet.

„Übung des Trommelwirbels"

Im Anschluß an die vorhergehende Übung läßt du nun mal wieder die eine und dann die andere Ferse gegen den Boden stampfen, wobei die Übergänge immer fließender, das Tempo immer schneller und gleitender, flüssiger, und so aus dem Stampfen ein Prasseln wird. Es ist dies eine Entladungsbewegung, die anfangs mehr Spannung abläßt, und dann immer weniger, bis sie ganz versiegt und du dich, zumindest für diesen Augenblick, leer und entspannt fühlst. Dann kannst du wieder neu ansetzen: es ist genauso wie bei einem Trommelwirbel, der die Aufmerksamkeit wach ruft, das eigentliche Stück beginnen oder die Botschaft, die der Herold zu vermelden hat, ankündigen läßt. Laß den Trommelwirbel immer präziser und gleichzeitig flüssiger, gleichförmiger werden: setze einen Punkt des Anfangs und des Endes.

Mudra: geballte Faust, die zu beben beginnt, bis der ganze Körper geschüttelt wird, dann sich öffnet, entspannt: den Wind zwischen den Fingern wie durch die Äste eines Baumes streifen läßt.

Maske: Flackern in den Augenschlitzen, bebende Nüstern
Ausdruck: Empörung

Improvisation: Sich seiner Kraft erinnern und sich erheben

Du dachtest, du seist der Ritter, der auszog, um den Drachen zu bekämpfen. Und nun, eines Tages, oder sagen wir in einem Traum, stellst du fest: Du bist selbst der Drache – und was für ein wunderschöner, funkelnder, vor Kraft strotzender und glänzender Drache! Der Drache in dir hat sich zu Wort gemeldet: endlich möchte er gewürdigt und anerkannt werden in seiner Bedeutung. Er möchte einfach nicht mehr im Verborgenen wüten, als Wut im Bauch festgehalten werden und nur als Verursacher allen Übels beschimpft und verkannt zu werden. Es ist Zeit, den Drachen zu besuchen und ihm Wertschätzung zu zollen. Sich nach seinem Befinden zu erkundigen, nach seinem Zustand zu schauen: wie ist sein Blick? Wie steht es mit seinen Muskeln? Und seinen Sehnen? Ist er fit oder schlapp, verwundet, hoffnungslos? Wie geht es ihm in seiner Behausung, seinem Wohnort – fühlt er sich zu Hause, oder eingesperrt, beengt, versteckt, verkannt?

Rollenspiel: Der Widersacher tritt auf

Stell dir vor: Die Familie sitzt bei Tisch, und es ist gerade besonders feierlich, gemütlich, – zumindest tun alle so, als ob sie einverstanden wären. Da tritt der Widersacher auf. Er ist genau das Gegenteil von dem, was zu der Szene paßt: er ist wie die Faust aufs Auge, und man kann sicher sein, daß er ins Fettnäpfchen treten wird. Aber er ist dein Freund, und du hast ihn eingeladen. Nun tritt er ein. Was passiert?
Suche dir eine Figur aus, die dich besonders zur Weißglut reizt. Du kannst sie dir vorstellen, oder jemanden bitten, sie darzustellen, wobei du besonders beachtest, welche Haltung, welche Sätze, welche äußeren Attribute (Kostüm und andere Requisiten) dazu gehören. Manchmal sind es auch reale Personen, die sich als Feindbild anbieten und in deinem Unterbewußtsein als Feinde wohnen. Dann kannst du ihre Namen aufschreiben oder sie in ihrer Abwesenheit durch ein Kissen repräsentiert vor dich hinsetzen. Und dann sagst du ihnen alles das, was du ihnen schon immer hast sagen wollen und scheust dich nicht, deftige Schimpfworte zu benutzen, auch wenn du meinst, daß dir keine einfallen – probiere es aus, und du wirst sehen, wieviel dir einfällt, wenn du erstmal richtig loslegst. Du kannst lauter werden, schreien, brüllen, aufs Kissen schlagen, oder mit einem Stock in der freien Natur um dich schlagen. Und wenn du so richtig in Rage bist, dann könnte es sein, daß du selbst erstaunt bist über deine Kräfte. Und es könnte sein, daß all die Energie, die in dem Feindbild gebunden war,

wieder zu dir zurückströmt, sodaß du am Ende dem Feind noch richtig dankbar sein mußt, daß er dich darauf gebracht hat, wieviel Kraft du mobilisieren kannst. Dein Feind, dein Tyrann – dein bester Lehrer und Helfer! Bedanke dich bei ihm, und bringe ihm vielleicht ein Geschenk als Symbol für deine Anerkennung.

Drama: Der Widerstand mobilisiert sich

Stell dir vor: Es herrscht Ruhe und Ordnung. Bis eines Tages einer daherkommt und alles in Frage stellt. Sogar dem König macht er den Thron streitig, denn er findet, der König sei alt, vielleicht sogar zu alt: er will zumindest mal testen, was der König noch zu sagen hat, und ob er überhaupt was sagt, dieser alte König. Der König hingegen läßt den Notstand ausrufen, verhängt Ausgangssperre, beruft sein Parlament, falls er ein solches hat, ein. Er läßt sich beraten: mit welchem Ergebnis?

Figuren: Der Archetyp des Helden

Der Held ist meist allein, wenn er sich aufmacht: „Lonesome loner", der Einzelgänger, Draufgänger, der unbeirrbar seinen unerfüllbaren Aufträgen, seinen „Impossible missions" nachgeht. Westernheld in der Wüste, kurz vor dem Verdursten oder angesichts einer ganzen Gang von üblen Schurken. Der Revolverheld, natürlich nur im Einsatz, im Kampf gegen das Böse, auch wenn er im Grund vorallem zeigen will, was für ein toller Kerl er ist: da ist jeder Anlaß nur recht, um sich zum Rächer aufzuspielen. Abenteurer, wenn es anders nicht geht, bis hin zum Globetrotter, der mit Vierradantrieb die letzten unbetretenen Teile dieser Welt erobert: der Camel-Reklame-Typ, der tausend Meilen zurücklegen würde, um sich eine kurze Ruhepause nach vollendeter Heldentat zu gönnen. Sportlich, drahtig, zuweilen rauhbeinig und kratzbürstig, dies vor allem bei der weiblichen Spielart: schnippisch, kurz angebunden, frech: Rotznase mit sex appeal. Oder der erfolgreiche Sportler, der das Rennen macht, die Tänzerin, die ausgewählt wird. Mit den Anforderungen steigen die Leistungen. Keine Herausforderung scheint unangemessen, auch wenn es nur bei der Animation bleibt. (Deshalb schauen wir uns wohl lieber aufregende Action-Thriller an, statt selbst Auto-Jagden zu veranstalten. Gott lob!) Hierzu gehören auch die Figuren von waghalsigen Helldrivers, Stuntmen und Rodeo-Reitern.
Botengänger durch feindliches Gelände, Auskundschafter, Vorreiter, Pioniere.

Slogan:	do it!
Comic:	Vow! Pow! Wumm! Krrrk! Boing! Peng!
Geräusche:	Sturmbrausen, Prasseln, Peitschenknall
Klang:	schrill, aufpeitschend, durchdringend

Instrumente:	Trillerpfeife, blecherne Schlaginstrumente, mit Stöcken gespielte Trommeln, afro-brasilianische atabaques, Stepschuhe Die Ratschen und Klappern der Fastnachtsnarren hatten ursprünglich die Funktion, einerseits die Winter-Dämonen zu vertreiben, andrerseits die Geister des Frühlings und des Wachstums zu wecken. Deshalb sind die Töne bevorzugt schrill und penetrant, durchdringend und „nervend", sodaß sie sogar die Toten aufwecken mögen.
Rhythmus:	antreibend, aufweckend, mitreißend durch die gleichmäßig schnelle Bewegung (Trippeln), die in Galopp umschlagen kann, oder durch einen Trommelwirbel eingeleitet wird. Monotone Dynamik ohne Akzentsetzung
Musikbeispiel:	schnelle Percussion-Stücke der Gruppe „Ondekoza" Filmmusik zu „Carmen" von Carlos Saura, Abschnitt: The Womens Knife Fight (Flamenco-Unterrichtsstunde)
Gerüche, Düfte:	sportliche Note, Sandelholz, Leder, leicht ranzig, säuerlicher Schweiß
Kostüme:	Motorradkluft, Monteuranzug, Sturzhelm, Rocker-Outfit, Safari-Look, braungebrannte Haut, Radler-Dress, Fitness-Kleidung, Tennisschuhe
Ort und Richtung:	aufsteigend, aufbrechend, unterwegs
Zeitperspektive:	nach vorne gewandt, Zukunft, ferne
Bühnenbild:	flatternde Tücher, flackerndes Licht
Bauten:	Bauten des Aufbruchs und Provisoriums, des Nomadenlebens: Zelte und Lager

Märchenphase: Ein Baum wächst in den Himmel

Es gibt verschiedene Märchen, z.B. das englische Märchen „Jack in the beans", die davon erzählen, wie ein ganz normaler Mensch, ein Jedermann, und ziemlich unbedarft, ohne jede Absicht eines Tages mehr oder weniger zufällig sich auf einen Baum (oder eine Bohnenstange) hinaufschwingt und dieser, ehe man es sich versieht, zu wachsen und zu wachsen und zu wachsen beginnt: er wächst bis in den Himmel. Von dort bietet sich natürlich eine ganz andere Aussicht an als von der „Froschperspektive" aus, mitten in den Bohnenfeldern oder im Wald. So kann es geschehen, daß sich aus diesem Wechsel der Perspektiven eine ganz neue Planung des eigenen Lebens, oder auch der eigenen Familie, der Gemeinschaft, in der man lebt, ergibt. Diese Vision wird von der Reise mitgebracht, sozusagen als Unterpfand für das Erlebnis des Enthobenseins, aber auch als Richtschnur für die Zukunft. In den indianischen Traditionen ist es meist ein Lied oder ein Tanz.

Phantasie: Was bringt dich auf die Palme?

Es gibt etwas, das kann dich die „Wände hoch" oder „auf die Palme bringen".

Und wenn du noch so ein ruhiger, besonnener oder auch resignierter Typ bist – da ist etwas, an dem kannst du einfach nicht vorbei – bei aller Liebe und trotz aller Resignation. Nenn es ruhig ein rotes Tuch: als Komplementärfarbe entsteht in dir ein Grün, das Grün, auf das deine innere Ampel schaltet. Finde heraus, was das ist, und was du dazu brauchst, um wachsen zu können – vielleicht geht es auch ohne rotes Tuch.

Wie schaut die Situation aus, in der du dich animiert fühlst? Nenne die Bedingungen, schreibe sie auf, mache eine Liste.

Ritual: Der Stein des Anstoßes als Orakel

Du hast dir bewußt gemacht, was dich eigentlich animiert und „hoch" bringt. Kann sein, daß es überhaupt nicht mit deinen moralischen Vorstellungen übereinstimmt – aber so ist das nun einmal, und es bleibt ja auch bei dir und niemand muß davon wissen. Du weißt also jetzt, was dich „anmacht" und deine Lebensgeister entfacht.

Du schreibst es auf, oder du gehst so absichtslos herum und stolperst über einen Stein – dann wird dieser Stein der „Stein des Anstoßes" für dich sein. Oder du findest irgendwelche anderen Objekte, die für dich genau das repräsentieren, was dich aufbringt. Du machst ein kleines Paket und wickelst es ein, schnürst es zu und läßt es an einem losen Faden hängen, an dem auch noch ein Glöckchen oder ein Stoffetzen gleich einem Wimpel oder beides befestigt wird: dies hängst du nun in den Wind, setzt es frei. Du weißt: immer wieder kommt der Wind und bewegt das Paket und damit das, was dich animiert. Immer wieder nimmt der Wind deine Botschaft auf und bewegt sie weiter, ins Unbekannte, nimmt sie mit sich fort.

Du weißt nun: irgendwo im Wind hast du Dein Orakel ausgestellt – manchmal klingelt etwas in dir, läutet, signalisiert, und deine Aufmerksamkeit beachtet die kleinen Hinweise dafür, daß Animation eintritt: Jetzt.

火

FEUER

Auf Bergeshöhen
Da habe ich gesehen
Die Kirschblüten
Dem Winde sich von Herzen
Vollendet überlassen ...
(Kino Tsurayuki)

Ob ich dich sehe oder nicht -
Indem ich nur sage: Du.
So wie der Gipfel
Des Fujijama lodert
dann, ach, meine Liebe,
auf ...

Der Duft vom Felsen:
Das Sommergras, das rot wird, in Tau und Hitze.
(Basho)

Wenn es kein Lachen gäbe,
so wäre das Tao nicht das, was es ist.
(Lao-Tzu, zitiert von Al Chung-liang Huang)

Sommergelächter

Jahreszeit:	Sommer
Tageszeit:	Mittag
Himmelsrichtung:	Süden
Klimatische Zuordnung:	Hitze
Farbe:	rot
Geruch:	verbrannt
Geschmack:	bitter
Emotion:	Lust, Freude, Glanz und Pracht
Ausdruck:	lachen
Speicherorgan:	Herz/Kreislauf - Herzbeutel
Werkstattorgan:	Dünndarm, Dreifacher Erwärmer
Sinnesorgan:	Zunge
Sinnesfunktion:	Sprechen
Körperteil:	Gesicht in Farbe und Form! als Spiegel des Herzens, Arterien
Körperfunktion:	Ausdrucksform und Gestaltung

Geistfunktion:

shen ist der Geist, der begeistert, die Neugier entfacht, weiteres und immer differenzierteres Wachstum, auch des Geistes und der Seele, anregt, der inspiriert. Shen ist eine Intelligenz, die sich ausbreiten will, die alles umfaßt, wenn sie zugelassen wird. „Die Weisen sind Menschen, die den Willen haben,sich nicht von ihrem himmlischen Ursprung zu trennen" heißt es. Dies betrifft das Bild des Lebensbaums, der nicht von unten nach oben, sondern von oben, aus der Einheit des Geistes, nach unten, in die Vielfalt der Welt, hineinwächst und sich entfaltet. Shen ist die Krone und die Wurzel zugleich – shen beeinflußt das hun, das pro, das i, und das tsche. Es ist jenseits von yin und yang, mit dem es nicht gemessen werden kann. Shen ist die Schwingung, die Form und Materie zugleich bestimmt, und somit der gemeinsame Nenner von Natur und Geist.

Urbild: Flamme

Vorstellung: Das Feuer steigt gegen die Schwerkraft zum Himmel auf, es wärmt, es schützt, es zerstört – reinigt

Chi-Bewegung: strebt nach oben, in die Vertikale, Ausstrahlung, Glanz, Raum einnehmend, nach allen Seiten hin

Leere: läßt den Blick glanzlos, leer und stumpf werden, – Engherzigkeit, Mutlosigkeit

Fülle: läßt Verwirrung, Zerstreuung bis Erschöpfung, Hysterie oder sogar Größenwahn und Wahnsinn eintreten

Lebensaufgabe: Vergeistigung durch Begeisterung
Obwohl wir es vielleicht nicht wahrhaben wollen, weil wir in unserer Kultur die Selbstbestimmung so hochschätzen und die Fremdbestimmung so fürchten, so ist doch die Begeisterung die Form von Besessenheit, die jeder von uns kennt, auch wenn er sich nie besessen, höchstens ergriffen gefühlt hat. Auch ist die Begeisterung eine Besessenheit nicht von den Geistern, sondern dem Geist: dies spiegelt sich in dem Wort Enthusiasmus, was aus dem Altgriechischen abgeleitet werden kann und soviel heißt wie: von Gott eingenommen.
Dies ist so lange unproblematisch, solange der Gott, der einen ergreift, bekannt ist und einen Namen hat, mit dem er angesprochen werden kann. Schwieriger ist es, wenn sich etwas Unbestimmtes, Unbekanntes, aber eindeutig Göttliches zu Worte meldet und anerkannt werden will. In den verschiedenen Besessenheitskulten geht es zumeist auch darum: ein bislang unbekannter, nicht anerkannter, vergessener oder verkannter Gott meldet sich zu Wort. Die Besessenheit ist nur dadurch zu kurieren, indem man Kontakt aufnimmt zu dem großen Unbekannten und sich um dieses Kontaktes und Dialogs, um der vollständigen Kenntnis willen ihm bedingungslos ausliefert – nur so kann man die Bedingungen kennen lernen, unter denen sich das Göttliche als Wunderbares manifestiert.

Staatsdienst: Das Herz wird der Feuerprinz genannt, es ist der oberste Herr der Organe, das Zentrum des Denkens und Fühlens, es ist das Wesen eines Menschen, von dem man sagt, er habe Geist, esprit, – oder auch nicht.
Der Herzbeutel wird der Meister des Herzens genannt. Er ist der Beschützer des Lebens. Er ist der erste Kanzler oder Minister, sein Leibwächter, aber ebenso sein Stellvertreter. Ihm obliegt es, Weisungen des Feuerprinzen weiterzugeben an die Hofbeamten und Untertanen, ihre Beschwerden anzuhören und für alle „ein Herz" zu haben. Er ist bemüht, wie ein guter Herrscher, alle Untertanen anzuhören und sich von ihren kleinen Sorgen und Nöten bewegen zu lassen, um alles abzuwägen und ein ausgeglichenes Maß für alle zu finden. Er entwickelt Sympathie und Antipathie, und darüberhinaus ist er zur Empathie, zum bewußten Mitfühlen mit anderen Lebewesen fähig.
Der Dreifache Erwärmer wird der Außenminister genannt: er ist mehr ein Funktionszusammenhang als ein Organ für sich. Er hat die Aufgabe, – als Energie-Minister, für die Herstellung der verschiedenen Energien und deren gerechte Verteilung im Reich des Körpers zu sorgen.
Der Dünndarm ist besorgt um gerechte Verteilung der Güter

Organzeit: Herz: 11.00-13. 00
Dünndarm: 13.00-15.00
Herzbeutel, Kreislauf: 19.00-21.00
Dreifacher Erwärmer: 21.00-23.00

Psychosomatisches Klischee:

Das Herz ist der Motor des Lebens und damit eng verbunden mit allem was uns bewegt. Es steht in Beziehung zu körperlicher Bewegung und zur Gefühlsbewegung, denn auch Gefühle stellen eine Art Bewegung dar. Wer sich durch nichts mehr bewegen läßt, hat kein Herz. Wer sich allerdings zu sehr aus dem organischen Maß des eigenen Rhythmus heraus bewegen läßt, nur um es anderen und womöglich auch noch allen recht zu machen, strapaziert sein Herz sehr: es kann dann zu rasen, zu stolpern, verrückt zu spielen beginnen, oder auch sich zusammenkrampfen – dies vor allem bei zuviel Angst (von angustus lateinisch: eng). Wenn das Gefühl keine Rolle mehr spielt im Leben eines Menschen wirkt dieser herzlos.
Der Blutdruck zeigt Grad und Art der Dynamik eines Menschen an, denn er entsteht aus dem Zusammenspiel des Blutes und der begrenzenden Blutgefäße. Die Blutgefäße entsprechen den Grenzen, die sich der Entfaltung des eigenen Wesens entgegenstellen. Zu hoher Blutdruck: zeigt einen Dauerdruck durch die Dauererregung einer Leistungsorientierung und Erwartungshaltung an. Zu niedriger Blutdruck: der im Extremfall zur Ohnmacht führen kann, zeigt eine Haltung an, die lieber in Schonung geht und auf Sparflamme lebt, als sich voll und ganz, bedingungslos einzusetzen. So wird eine vielleicht unangenehme Konfrontation mit Widerständen, Widersprüchen, Konflikten und Kontroversen umgangen, jedoch zum Preis, wirklich nur halbherzig dabei zu sein und das Leben nicht voll zu genießen. Auch die sexuellen Funktionen, vor allem die Lust sind vom Blutdruck abhängig, und werden nur sehr eingeschränkt und zu bestimmten, engherzigen ängstlichen Bedingungen, ausgelebt.
Der Dünndarm steht in Verbindung mit dem Intellekt. Was dieser auf geistiger Ebene vollbringt, indem er geistige Eindrücke verarbeitet,vollbringt der Dünndarm auf stofflicher Ebene. „Schiß haben", nämlich Durchfall, zeigt, wie Angst als Mangel von großherzigem, vorbehaltlosem Sicheinlassen auf das, was ist, sich im Organismus auswirkt. Kleinliches Überprüfen und ängstliches Hängen am Detail verhindert die erlösende Verbindlichkeit, die zu einer geschlossenen Gestalt führt.

Psychologie: Die Kraft des Feuers wird das mächtige – oder große – Yang genannt.

Es ist die Kraft, die ein Herrscher benötigt, wenn er den Thron besteigt, regiert und residiert. Von jeher war den Menschen das Feuer heilig: es wärmte, verwandelte die Nahrung, und beschützte vor wilden Tieren. Die Feuerkraft ist vertikal aufsteigend. Sie erhebt sich von der Materie, die sie verwandelt, zum Geist, in den sie eingeht. Der Herrscher jedoch vergißt nicht seinen Ursprung und seine Verpflichtung der Materie, besser, der Natur gegenüber. Er ist bemüht, mit allen den ihn begeisternden Kräften, auch mit den Ahnen und Dämonen und Elementargeistern, in Frieden und Ausgeglichenheit zu leben. Er wird sich hüten, die eine oder andere Kraft zu verachten und als geringer einzuschätzen und damit zu benachteiligen.

Auch die Gefühle, die so gerne sich als was ganz Besonderes aufspielen, müssen eingeordnet und beherrscht werden. Ein Mensch, dessen Feuerkraft unausgeglichen ist, neigt dazu, sich von seinen Gefühlen mal hierhin, mal dorthin zerren zu lassen. Folge davon ist: Nervosität, Hysterie, eine verwirrte, übersteigerte oder unklare Sprache in Form von Stammeln und Stottern, aber auch Geschwätzigkeit und Redeflut, die die Kraft der Begeisterung sich verplempern und verplappern läßt.
Wenn der Außenminister, der Dreifache Erwärmer, nicht richtig seines Amtes waltet, stellt sich keine Koordination der einzelnen Staatsinteressen, keine Abstimmung auf das Ganze hin ein. Es herrscht eine Regierungsperiode, von der man später in der Geschichte sagen wird: das konnte ja nicht gut gehen ...
Bei Belastung reagiert Feuer mit Niedergeschlagenheit, Kummer und Schlappheit, als hätte man „den Wind aus den Segeln genommen", oder in einen prallen Luftballon hineingestochen, aus dem nun die Luft raus ist.
Die Emotion des Feuers findet in der Verbindung mit anderen Elementen seine Nuancen:

Holz-Freude nährt sich aus der Spannung von Wut und Zorn, zeigt sich in Kreativität, Schaffenskraft und Begeisterung.

Feuer-Freude kommt aus der Erleuchtung, zeigt sich im Hier-und Jetzt-Sein, in der Fähigkeit, die Feste zu feiern, wie sie fallen.

Erd-Freude kommt aus dem Denken, zeigt sich nach innen gekehrt und besinnlich.

Metall-Feuer kommt aus dem Mitfühlen, zeigt sich in der wertfreien Betrachtung.

Wasser-Freude kommt aus der Sexualität, zeigt sich in Körperkontakt und Sinnlichkeit.

Krankheitsdisposition:
Zyklothyme Krankheiten wie die des manisch-depressiven Irreseins, einem Eingespanntsein in ein ständiges Auf und Ab der Gefühle, die die Oberhand gewonnen haben. Schlaflosigkeit, Sprachstörungen, Übererregung – oder, im anderen Falle, ein Mangel an Erregung und Begeisterungsfähigkeit, der sich oft als erstes in sexueller Unlust, dem Gefühl der Unbeteiligtheit und Entfremdung, zeigt. Der Herzbeutel als Beschützer des Lebens hingegen hat in seiner Funktion versagt, wenn er dem Herzen Unzumutbares zumutet und ihn ständig überlastet und überfordert: daraus resultieren die Managerkrankheiten, die das Herz angreifen, z.B. der Herzinfarkt, Kreislaufschwächen, Herzrhythmusstörungen.

Drogen/Süchte: Coffein, Erregung durch Stimulantien, Kicks und Kitzel.

Therapie: Ein großes Fest geben, Gastgeber sein, Delegieren lernen, Arbeiten und Aufgaben verteilen, anstatt selbst alles machen zu wollen. Selbstmanagement-training, in dem gelernt wird, wie man sich ökonomisch als Herr im eigenen Hause verhält: welcher Bedingungen es bedarf, den Anforderungen im Alltag nachzukommen, wie man sich besser organisiert.
Schauspieltraining, Stimmbildung

Buffet-Rezept:	Vorspeisenteller mit geräuchertem Fisch; chinesisches Wok-Gericht mit Buchweizen; Rotwein, Kaffee
Zubereitung:	grillen, rösten, stark braten, schnell rühren
Getreide:	Roggen, Buchweizen, rote Hirse
stärkend:	Ginseng
beruhigend:	Kümmel
Räucherwaren:	Weihrauch, Zypresse, Tabak

Fähigkeit: Von Impulsen inspiriert zur Pulsation, zum Pulsieren und Mitschwingen kommen: Teilhaben und Teilnehmen als Form der Partizipation, des Engagements und Enthusiasmus.

ho
ist der heilige Klang

Organübung: Herz
Ausgangsbewegung: Schulterbreiter Stand mit lockeren Knien, Bauchatmung, mit dem Einatmen die Knie strecken, als wollte man dadurch die Energie leicht anheben. Wenn möglich, nun mit gestreckten Knien den Oberkörper über den Unterkörper nach unten abrollen, sich aushängen, dabei ausatmen. Hochkommen mit Hochheben der Arme über den Kopf und wieder in einem Bogen über die Seite zur Körpermitte sinken lassen – alles mit dem Einatmen.
Dann die Hände mit Handflächen nach innen zeigend zur Höhe der Körpermitte bringen, und mit der Kraft der Handflächen und Handballen die Energie hochheben, nachschieben, bis der höchstmögliche Punkt erreicht ist. Dies geschieht mit dem Laut Ho (Ausatmen) und einer entschlossenen, schnell durchgezogenen Bewegung, bei der aber die Energie nicht verschleudert oder herausgeschossen, sondern trotz der Expansion gehalten wird. Die Handflächen zeigen dabei zum Himmel. Danach entspannen.

Das ist die Energie, die die Pflanze braucht, um im Sommer sich ausbreiten und voll entfalten zu können.

Ruheposition: Entspanntes Stehen, Schließen der Augen, nach innen gehen, nach innen schmecken, wohlwollend lächelnd sich eine spiralförmige Verbindung zwischen Zunge und Herz vorstellen, dazu die Vergegenwärtigung der Farbe Rot, damit das Herz seinen idealen Tonus findet und sich reinigen kann.

Visualisation: mein erdbeerrotes Herz schlägt!

Tier: Tiger

Tigerübung:

Ausgangsposition ist schulterbreiter Stand, Füße parallel, Knie locker.
Handhaltung: der Tiger zeigt seine Krallen. Beide Handflächen zeigen mit abgewinkeltem Handgelenk frontal nach vorne, die Muskeln aller Finger sind leicht angespannt, des Tigers Krallenhände sind in wachsamer Spannung, bereit zu ergreifen, zu fassen.
Der Bewegungsablauf führt beide Hände in einem mächtigen Ausholen über einen weiten Kreis, der das Revier absteckt, nach oben und läßt die Krallen kurz und entschlossen die Rinde eines Baumes abstreifen: so wetzt der Tiger seine Krallen und hält sich fit.
Die Füße bleiben parallel, die Knie locker, der Schwerpunkt ist nicht aus der Ruhe zu bringen. Der Tiger verliert bei allen Expeditionen nie sich selbst.
Das Einatmen schafft sich Kraft für den Sprint, das Ausatmen ist ein echter Feueratem, fest und stoßend durch den Mund, ein Fauchen.
Die Energie steigt mit der Leidenschaft des Angriffs nach oben. Mit dem Angriff selbst wird sie schnell und mit einem Schlag, in einer Handlung nach unten gezogen. Große Ballung, ohne das Spielerische zu verlieren.

Gangart: Ekstatischer Wirbel

Ausgangsposition ist schulterbreiter Stand, Knie locker. Das Wirbeln beginnt mit einem raumgreifenden Schritt und ebenso mit einer großangelegten Handbewegung. Die Hand ist offen und stellt mit gespreizten, gestreckten Fingern die größtmögliche Raumeinnahme dar. Sie beginnt in der Mitte oben anzusetzen, nach außen zu schwingen, im Sinken zur Körpermitte hin zu führen und schließlich nach außen auszuschwingen. Dann wird der Schwung von der Bewegung der anderen Hand übernommen. Der Schritt dazu ist wiederum ein seitliches Aufsetzen des Fußballens, wobei jedoch diesmal die Ferse leidenschaftlich verhalten, wie gegen einen Widerstand sich in den Boden hineindrückt und sich so die Spannung im Bein über die Körpergrenzen hinaus in den Boden hinein fortsetzt. Die Bewegung der großen Geste gleicht einem Feuerwerk, das die Grenzen sprengt.
Mache die Bewegung verhalten und langsam, um nicht nur die Befreiung, sondern auch die Begrenzung der Konturen zu erspüren.

Bewegungsfunktion: Expansion, Extension, Erweiterung und Bewegungsqualität: majestätisch einherschreitend, einflußnehmend wirken, Nachdruck ausüben, Gewichtigkeit verleihen, Verbreiterung

Bewegungsform: ausladend, ausschweifend, anschwellend, Beschleunigen, Drehen, Wirbeln, Schlingern, Schleudern
Das Beschleunigen einer Bewegung entspricht dem Erhitzen z.B. der Speisen: es verwandelt durch Energiezufuhr. Das Erhitzen ist auch die Technik der Transformation, die die Alchemie verwandt hat. Im Tanz der wirbelnden Derwische wird eine ähnliche Erhitzung durch Beschleunigung erreicht wie in vielen anderen Trance-Tänzen auch.

Partnerübung: Führen und Geführtwerden ist eins.

Für diese Übung ist wünschenswert, einen größeren Raum zur Verfügung zu haben. Du stehst neben deinem Partner und ihr berührt Euch leicht an der äußeren Seite des Unterarms. Es wird nun darum gehen, drei Phasen auszuprobieren: einmal führt der eine, einmal der andere, einmal beide gleichzeitig, bzw. niemand. Der Wechsel kommt bestimmt, wird aber nicht angekündigt: er hängt von der nonverbalen, energischen Dynamik zwischen den Partnern ab.
Für Fortgeschrittene: dieses Spiel läßt sich auch mit drei Personen, vier oder fünf spielen. Wichtig ist, daß genügend Spielraum da ist, sodaß der Impuls sich frei fortsetzen kann.

Meditationsform: Lachmeditation, Licht bzw. Chakrenmeditation oder Herz-Lichtmeditation

Bioenergetik: voller Einsatz durch tiefes Atmen, mehr vom Leben haben durch tiefen Atem

Mudra: Handeln vom Herzen, Hand aufs Herz, Öffnen und Empfangen in der Geste der Einladung – Schließen und Sich-Schützen zugleich in der Verneigung

Maske: feines großzügiges Lächeln bis zum Ausdruck brüllenden Gelächters, oder gierig grinsenden Tierlefzen, strahlend leuchtende, auch blitzende Augen
Ausdruck: Triumph

Improvisation: Das Fest eröffnen, das Fest beenden: die Gäste zu sich bitten, ihnen Reverenz erweisen, einen Platz am Tisch zuweisen, verabschieden.

Stell dir vor: Du hast einen Anlaß zu feiern. Welcher Anlaß es auch sein mag: er ist Grund genug, alle Menschen, die eine Bedeutung in deinem Leben gehabt haben, und sei es auch eine negative, einzuladen zu diesem Fest, das ein Versöhnungsfest werden wird. Du weißt jetzt schon: dieses Fest wirst du so gestalten in Eröffnung und Verabschiedung, daß du in Frieden mit allen sein wirst. Du siehst nun die einzelnen Gäste vor dir, während du die Tischkarten ausschreibst. Vielleicht erinnerst du dich nicht aller Namen, und es wird wichtig sein, zumindest einen Platz für das namenlose Wesen, den unbekannten Gast zu reservieren. Und dann planst du deine Gesten und Bewegungen, deine Haltung der Begrüßung und des Verabschiedens, indem du dich auf jeden einzeln einstellst und ihm Reverenz erweist. Du versuchst dich in verschiedenen Formen der Reverenz – wie wirst du dich dieser oder jener Person gegenüber verhalten, wie ihr gegenüber auftreten wollen? Und wie wird der Abschied sich gestalten, um zu gewährleisten, daß der Andere sich geehrt und erkannt fühlt und dennoch du die Grenze wählst und dich in deiner Abgrenzung schützt, ohne zu verletzen, zu brüskieren, auch ohne die Grenzen zu verwischen und Unklarheit, was die Beziehung zwischen Euch betrifft, walten zu lassen.

Rollenspiel: Ein Gast kommt ungebeten.

Aus irgendeinem fernen Winkel der Welt, aus irgendeiner Ecke deines Bewußtseins, vielmehr: aus einer Grauzone, von einem blinden Fleck her kommt nun eine Person auf dich zu, die du vergesssen hast. Etwas ist unklar zwischen Euch, und die Person ist gekommen, um Klarheit zu schaffen. Sie hat das Gefühl, sie sollte bei deinem Fest dabeisein, und ohne dich zu fragen, tritt sie ein in Dein Haus und sucht sich einen Platz an dem gedeckten Tisch. Auf alle deine Fragen, wer sie sei, was sie wolle, warum sie jetzt gerade sich melde usw. antwortet sie mit einem reservierten aber nicht unfreund-

lichen Schweigen. Sie ist wie ein Spiegel für dich, sie ist die Antwort auf deine Fragen. Du sitzt ihr gegenüber, und indem du dem Unbekannten Reverenz erweist, erfährst du mehr darüber.
Du beobachtest den Unbekannten, wie er sich gibt in seinem Schweigen, und du erzählst ihm seine eigene Geschichte, die du jetzt, während du sie erzählst, kennen lernst.
Bitte eine Person, zu der du Vertrauen hast, diese Rolle zu übernehmen.

Drama: Ein Gast behauptet, er wohne hier, nicht du.

Es kommt immer wieder vor, diese unangenehme Lage einer offensichtlichen Identitätsverwirrung: der Gast will nicht mehr gehen und behauptet, er sei der Herr im Haus. In manchen Kulturen nennt man diesen Zustand auch Besessenheit. Wie damit umgehen?
Eine Möglichkeit wäre die der friedlichen Strategien, d.h. des Kontaktes und der Kommunikation, des Verhandelns und Vertragens – der bewußten Formulierung und Definierung von Verträgen. Man muß bereit sein zu hören, unter welchen Bedingungen der Gast sich als Gast zu definieren bereit ist. Was ist sein grundlegendes Interesse, sein ausschlaggebendes Motiv?
Für dieses Drama brauchen wir mehrere Darsteller: die Majestät und ihr Double – ihr Schatten, der unter Umständen besser Bescheid weiß über die Zustände im Staat als Majestät selbst. Wir brauchen den verwirrten Gast und dessen Schatten. Und wir brauchen einige Soldaten und unparteiische Beobachter, z.B. die Video-Kamera.

Figur: der Archetyp der Majestät

Wir alle bedürfen dieser Qualität, die das Mittelmaß der Alltagsgewohnheiten übersteigt. Auch wenn wir in einer Kultur leben, in der im Verlauf der Emanzipation und Aufklärung der König geköpft und Gott als tot erklärt wurde, ist das Bedürfnis noch immer da. Es ist das Bedürfnis nach Übersteigerung, auch nach Überwältigung – ein Bedürfnis, in der Anerkennung dessen, daß es etwas gibt, das größer ist als wir selbst, über uns selbst hinauszuwachsen. Durch Anforderungen fühlen wir uns gefordert, durch Ansprüche angesprochen. Deshalb brauchen wir eine Instanz, die die höhere Position bezieht und zu der wir aufschauen können. Deshalb verehren wir die Diva, wörtlich: die Göttliche. Deshalb schaffen wir uns Idole, die unsere Ideale in persönlich eingefärbter Form verkörpern. Deshalb suchen wir Meister und Gurus und erhalten uns die Monarchen, die Alleinherrscher, für die wir Feuer und Flamme sein können. In dem Aufschauen zum Einzigen und Einzigartigen erleben wir Einheit, Vereinigung. Und daß dies einfach auch ein Bedürfnis ist, muß berücksichtigt werden, wenn uns nicht der Schatten der ungelebten Sehnsucht einholen soll.

Besondere, sozusagen moderne Spielarten der Grandiositäts- Repräsentanten sind:

der Pop-Star als Abgott, die Diva, der Macho, die Femme Fatale
der Hochstapler, der sich die Projektion der Grandiosität zunutze macht
der Herzensbrecher in Gestalt des Verführers (Don Juan)
der schmachtende Verehrer, der von nichts als Liebe spricht oder singt
der Guru, der uns zu den seligen Gefilden des großen Herzens zu transportieren verspricht
der Monarch, der alle Blicke auf sich richtet und darin vereint
oder der einsame, einzigartige Führer

Slogan:	All you need is love! Make love not war!
Comic:	Smack! Hoho! Hahaha Hihihi ..., alle Formen des Gelächters
Geräusche:	aufloderndes Feuer: Knistern und Knacken, trockenes Prasseln und Knattern. Aufbrausen, Aufschäumen der „siedenden" Gischt, Anschwellen des Sturmwinds, Brausen, Donnern des Wasserfalls, des Zerschellen der Klang-Gestalt des Gongschlags, Tusch.
Instrumente:	Saiteninstrumente, Zymbel, Oud, Laute, Gitarre, Klavier, Sitar (Melodie-Instrument der klassischen indischen Musik) Becken, Gongs, Glocken.
Klang:	perlend, anschwellend, ohne Artikulation und Gestalt zu verlieren. „Tschingdarassada": der Tusch der Zymbeln und Becken in der Marschmusik – anfeuernde, begeisternde Wirkung, die mitreißen soll. In „La Valse" von Ravel gerät die Euphorie zur Hysterie, und der aufspritzende Tusch der Becken beschreibt lautmalerisch den Verlust der Facon, im Todesrausch-Assoziation verströmenden Blutes folgt der Freude über den Ausbruch des Ersten Weltkrieges. Ähnliche Klang-Effekte sind auch bei Gustav Mahler zu finden.
Rhythmus:	Klare Phrasierung von getragenen Dreier- oder Vierer-Takten, Largo majestoso, Drehtänze im Dreivierteltakt, Walzer, Ländler, Menuette, Rhythmen in der indischen Raga-Musik, die die langsame differenziert aufgebaute Steigerung des Melodie-Instruments bis zum orgastischen Höhepunkt unterstützen. Variation des Liedes „Oh du lieber Augustin" in Mahlers 1. Symphonie in schräger, verzweifelter Verzerrung des ursprünglich naiven Dreivierteltaktes, wie er in heiteren Tanzliedern vorkommt.
Musikbeispiele:	„Transfer" von Klaus Schulze und Michael Shrieve. Gier der Hungergeister, und Sehnsucht, die sich von ihrer eigenen Unerfüllbarkeit ernährt: absteigende Tonskala im Gegensatz zu stetig anfeuerndem, antreibenden Rhythmus Listening To The Heart (2. Nummer von Oliver Shanti), mit stetig sich im Kreis schließendem runden Rhythmus, der dazu einlädt sich von den Wirbeln mitreißen zu lassen. „Trance-Trommeln" zum Sufi-Drehtanz von M. Rosenfeld, langsam ansteigende Beschleunigung des schwingenden Trommelrhythmus „Bolero" von

	Ravel „La Valse" von Ravel (siehe oben)
Gerüche, Düfte:	rauchig, brenzlig, verbrannt, festlich, und wenn es nur Grill-Parties sind, als Parfum: aufsehenerregend
Kostüm:	Abendkleidung, großes Dekolleté, bauschige, knisternde Röcke, Satinschleifen, glitzernder Schmuck
Ort und Richtung:	Spannung auf den nächsten Augenblick, kurz vor dem Augenblick jenseits der Rückkehr – point of no return
Zeitperspektive:	nahe Zukunft innerhalb des Erlebnisbereichs und Spannungsfeldes, auf der Grenze, wo Vorfreude in Freude übergeht, Augenblick kurz vor seinem Eintreten, messerscharf der Übergang zwischen den Zeiten, der Augenblick, der das Davor vom Danach trennt
Bühnenbild:	Feuerwerk, vereinzeltes Aufblitzen und Funkeln von Sonnenreflexionen, Weltenbrand, der alles erfaßt, Feuer und Flamme werden läßt, vereinigt, auslöscht. Feuersturm, Lauffeuer, Explosion, die eine Kettenreaktion auslöst
Bauten:	Paläste, barock oder arabisch, offene Tore und großangelegte Auffahrten, Festsäle

Märchenphase: Hochzeit als Höhepunkt und Krisis

Spätestens bei der Hochzeit entscheidet sich, wer auf der richtigen Seite stand, und wer auf der falschen. In fast allen Märchen wird irgendwann einmal geheiratet und meist ist dies auch das Ende der Geschichte, die durch Vereinigung der Gegensätze erfolgreich zum Abschluß gekommen ist. Während jedoch in den Volksliedern oft die tragische Verbindung zwischen Liebe und Tod, zwischen Hochzeit und Begräbnis anklingt, indem etwa davon erzählt wird, wie die Braut beim Hochzeitstanz selbst zu Boden sinkt, oder der Bräutigam ein Messer in den Rücken bekommt, bzw. es sich selbst in die Brust rammt, liegen die Dinge bei der Märchenhochzeit eindeutiger: dort ist die Ambivalenz der widerstreitenden Gefühle offen gelegt, und Leben und Tod erhalten ihre fest zugeschriebene und getrennten Rollen. Die Richtigen finden sich, heiraten sich, überleben, indem sie Kinder zeugen und so das Königreich fortsetzen. Die Falschen aber, die bösen Gegenspieler und Schattenseiten, die werden ausgesondert und oft noch während der Hochzeit selbst dazu verurteilt, sich zu Tode zu tanzen, – so geschehen im Märchen von Aschenputtel, wo der bösen Stiefmutter glühende Pantoffeln bereit gestellt wurden, auf daß sie darin tanze bis zum Umfallen, bis zum Tod. Das Zusammenspiel von Liebe und Tod ist uns vor allem durch den Ausdruck des „petit mort" für Orgasmus vertraut, und auch wenn nur noch selten Märchenhochzeiten zustande kommen, so kennt wahrscheinlich jeder dieses merkwürdige Zusammentreffen von großem Glück und Gefühl für die eigene Sterblichkeit: in dieser Wehmut ist wohl der Wermutstropfen eingeschlossen, ohne den Glück kein richtiges Glück zu sein scheint. Oder?

Phantasie: Vertrackte Kontrakte

Stell dir vor: Du hast Ja gesagt, und weißt nicht mehr zu was. Da ist nur das unangenehme Gefühl der Verbindlichkeit: du fühlst dich gebunden, formal, und weißt nicht genau den Inhalt. Alle scheinen genau zu wissen, besser als du selbst, aber dir fällt einfach nicht mehr ein: was zum Teufel es war, was du versprochen hast, wozu du dich verpflichtet hast, womit du dich einverstanden erklärt hast, welche Bedingungen du angenommen hast. Ein gräßliches Gefühl, das nicht besser wird, je länger man es anstehen läßt und hofft, es würde sich auswachsen, denn meist wächst die Verbindlichkeit mit. Da gibt es nur eines: sich taktvoll danach zu erkundigen, wie die Erwartungen und Ansprüche, die Bedingungen und Handelsübereinkünfte aussehen und wenn sie als noch so selbstverständlich vorausgesetzt werden, sozusagen als Allgemeinbildung und gemeinsamer Konsensus – es ist immer besser nachzufragen, und im Zweifelsfalle sich darauf zu berufen, daß für dich nur gilt, was du schwarz auf weiß vor dir siehst. Und selbst wenn dir deine Unterschrift vorgelegt wird, wisse: auch Verträge sind endlich und kündbar – nur: beenden und kündigen mußt du schon selbst.

Ritual: Feuer und Flamme: das Jawort geben

Heirat ist nicht nur ein Versprechen, sondern auch ein Vertrag. Es gibt deshalb das Ritual des Aufgebots, die der Öffentlichkeit die Möglichkeit gibt, Einspruch zu erheben gegen den zu schließenden Vertrag. Dieses Ritual kann nun abgewandelt so aussehen:
Es könnte sein, daß du dich eines Tages entschließt, etwas, was du sowieso dauernd schon tust, nun mit feierlicher Verpflichtung und vollem Engagement tun möchtest, sagen wir, so etwas Banales wie Hausarbeit, konkreter: wie Staubsaugen. Irgendwie ist dir danach nicht mehr zwischen Tür und Angel einfach mal so, wenn es gerade so paßt, Staub zu saugen, sondern du möchtest in den Genuß einer Identität als freiwilliger und begeisterter Staubsauger kommen, und so gehst du dieses Ritual als Vertrag mit dir selbst ein. Du verpflichtest dich dir selbst gegenüber aus vollem Herzen Staub zu saugen und dabei innerlich immer wieder zu dir und deiner Tätigkeit Ja zu sagen. Der erste Schritt des Rituals wird also eine Phase des Experimentierens sein: du machst irgendetwas, und sagst, laut oder leise, Ja dazu. Beobachte welche Auswirkungen es auf dein Wohlergehen hat und deinen Lust-Pegel hat, und nimm dir, wenn das Ergebnis positiv ausgefallen ist, andere, anspruchsvollere Aktionen vor. Das wird die zweite Phase sein: da überträgst das, was du an einer vergleichbar banalen Tätigkeit gelernt hast, auf solche, die mit einer vielleicht eingefahrenen, überholten Bedeutung belastet und als allzu besonders oder feierlich eingeschätzt wurden (bis jetzt), z.B. nimmst du dir jetzt vor, bei unangenehmen Fragen nicht mehr um den Brei herum zu reden, sondern sie direkt und offen zu beantworten. Wieder begleitest du dich innerlich mit

deinem Ja. Und es kann sein, daß manchmal ein „Ja, aber" statt eines eindeutigen Ja kommt, und auch diese Einwände wollen gehört und beachtet werden.
Die dritte Phase, das eigentliche Ritual, wird die Meditation sein, in der du vor einem Feuer oder vor einer Kerze sitzt und die Form der Flamme betrachtest: wie sie alles in sich aufnimmt und vereinigt, Ja sagt ohne Aber. Und während du diese Form so betrachtest, kann es sein, daß du ein Gefühl für die Ebene des Ja-abers bekommst, und dann, indem du noch mehr die vereinigende Kraft der Flamme zuläßt, tiefer in dir eine Ebene entdeckst und jetzt erfährst, auf der nur mehr ein Ja existiert.

土

ERDE

In einer Station der Metro
Das Erscheinen dieser Gesichter in der Menge:
Blütenblätter auf einem nassen, schwarzen Ast.
(Ezra Pound)

Im Heimatdorfe
Ein Buddha-Antlitz haben
Selbst Weinbergschnecken!
(Issa)

Der Sommer kam doch
So einzig zu den Blättern
in allen einzelnen ...
(Basho)

Das Sommergras dort
Im Feld am Vorgebirge
ist nur ein Wogen
(Kusandro)

Im sanften Windhauch
Und Sonnenlichte flüstern
Die Sommerbäume.
(Buson)

Der Ruf der Eule
Bricht so verwirrend hervor
Aus Sommerbäumen-
(Kijo)

Das Fell des Hundes -
Als ob es Wasser schöpfte
Im Sommerregen!
(Takeshi)

Der Bettler,
sieh nur, trägt Himmel und Erde
Als Sommerkleider
(Kikaku)

rund erfüllte Reife

Jahreszeit:	Spätsommer auch: die 18 Tage des Übergangs zwischen jeweils zwei Jahreszeiten 4x18 Tage entspricht der Erdezeit, der chinesischen dojo-Zeit
Tageszeit:	Nachmittag
Himmelsrichtung:	Mitte
Klimatische Zuordnung:	Feuchtigkeit
Farbe:	gelb
Geruch:	duftend
Geschmack:	süß
Emotion:	Sorgen, Gedanken
Ausdruck:	singen
Speicherorgan:	Milz, Pankreas
Werkstattorgan:	Magen
Sinnesorgan:	Mund und Lippen
Sinnesfunktion:	schmecken
Körperteil:	Bindegewebe
Körperfunktion:	Zusammenhalt

Geistfunktion:

i (Yi) wird mit Bewußtsein gleichgesetzt. Es ist die Fähigkeit, Dinge zu klassifizieren, was voraussetzt, daß da eine unterscheidende Wahr-Nehmung, d.h. die Fähigkeit bewußter Aufnahme vorhanden ist, ebenso wie die Fähigkeit zu speichern und zuletzt die Kraft, die Daten im Bewußtsein zu halten und die einzelnen Elemente zu komplexeren Gebilden zu verbinden. Dies setzt Konzentration voraus, bringt aber auch Sorgen mit sich und das Grübeln als eine unentwegte Beschäftigung mit Gedankeninhalten in Form von Fragen und Nachfragen, von Zweifeln. Es ist die Fähigkeit zur Reflexion, die Selbstbewußtsein überhaupt ermöglicht. Aber auf diesen gewundenen Wegen ist es durchaus möglich sich zu verirren, stecken zu bleiben, oder im Kreise zu gehen und deshalb nicht damit fertig zu werden.

Urbild: die Höhle, Mulde

Vorstellung: in der Mitte kommt alles zusammen, Ausgewogenheit

Chi-Bewegung: Durch Reife verdichtet sich das Chi in der Mitte, zentriert sich und kann so vermitteln

Leere: Konzentrationsmangel, richtungslos, zerstreut, Schlechtes Gedächtnis: wie ein Sieb

Gedankenflucht

Fülle: zuviel Denken verknotet das Chi – oder bedingt eine bestimmte Art des faktischen, praktischen und pragmatischen Denkens, das sich nicht über die Dinge erhebt – grüblerisch, zwanghaft sich wiederholend, in Gewohnheiten eingefahren, von Sorgen besetzt, Gedankenstarre

Lebensaufgabe: Meinungsbildung durch Assimiliation und Integration von Erfahrungen und Gedanken

Staatsdienst: Die Milz sorgt für Zentrierung und Koordination
Der Zensor, der tadelnde Beamte
Sie ist der Minister des Energie-Haushalts-für die Ernährung
Der Magen ist zuständig für Prozesse des Reifens, und des Verfaulens, Zersetzens.
Er wird auch mit einem „städtischen Marktplatz" verglichen.

Organzeit: Magen:7.00-9.00
Milz: 9.00-11.00

Psychosomatisches Klischee:

Die Milz liegt unter der linken Hälfte des Zwerchfells im oberen Bauchraum. Sie spielt bei der Entstehung, Erhaltung und beim Abbau diverser Blutelemente, so der roten und weißen Blutkörperchen, eine Rolle und ist verbunden mit der Funktion des lymphatischen Gewebes, das die Lymphozyten ausbildet und somit für die Abwehrkraft des Körpers zuständig ist. Die wesentlichen Aufgaben des lymphatischen Systems sind: Entwässerung d.h. Abtransport von Überfluß, d.h. von überflüssigem Wasser aus dem Gewebe zurück ins Blut. Aufnahme von Fettsubstanzen aus dem Harn in die Darmlymphe. Die Bildung von Lymphozythen für die körpereigene Abwehr, Speicherung und Abbau von Erythrozythen in der roten Milzpulpa. Eine schwache Milz vermittelt das Gefühl von Überforderung und Kraftlosigkeit, das nach Kraft-Einfuhr von außen verlangt. Die Schwächung der Milz kann durch ein unökonomisches Haushalten mit dem elementaren Kontingent an Energie, das jedem Menschen zur Verfügung steht, entstehen. Wie bei der Erde, so erfolgt auch bei Menschen eine Schwächung durch Raubbau und kurzsichtige Nutznießung. Wer viel Energie für Nahrungsaufnahme und Verdauung verbraucht, hat weniger Energie übrig zum Nachdenken, das erfahrungsgemäß ebenso Energie verbraucht wie physische Arbeit. Wer allerdings zuviel denkt, der gerät in Gefahr, sich hierin zu erschöpfen und Vitalenergie dem Organismus zu entziehen. Eine mögliche Folge sind Blutarmut, Immunschwäche, Infektanfälligkeit,

– die Milz reguliert das Blut, (oder: Hauterkrankungen und Allergien) Schwellungen und Entzündungen der Lymphknoten, Ödeme – die Milz reguliert die Verteilung von Wasser, oder: Menstruationsbeschwerden, Unfruchtbarkeit, Entzündungen der Brustdrüsen – die Brüste sind der Erde zugeordnet.
Aufgabe des Magens ist die Aufnahme, Mischung, Durchsäuerung und Verflüssigung der Nahrung sowie ihr Weitertransport. Der Magen nimmt alle Eindrücke auf, er hat den „ersten Eindruck" zu verdauen, der manchmal wie ein Stein im Magen liegt. Der Magen rebelliert, indem er nicht alles schlucken will, was ihm geboten wird: er reagiert mit Völlegefühl und macht dick. Der Appetit ist eine sehr wichtige Wahrnehmungsfunktion, was man fressen kann und will, und was nicht, was einem den Appetit nimmt und auf den Magen schlägt. Kauen ist ein gesundes Zeichen von Auseinandersetzung. Wer alles unterschiedslos in einem Schluck schluckt, läuft Gefahr, seinen Magen zu überfordern, so daß dieser überschüssige Säure produziert und sich selbst zu verdauen beginnt.
Die Sehnsucht die Welt in flüssiger Form, vorgekaut oder von Natur aus Brei, zu sich zu nehmen, stammt aus der Zeit, da für das zahnlose Kind dies die entsprechende Nahrungsform war – es ist eine Sehnsucht nach der Symbiose zwischen Mutter und Kind, da die Mutterbrust die Welt bedeutete und bedingungslos für das Kind gesorgt wurde. Der Magenkranke kompensiert oft seine oralen Bedürfnisse, deren er sich nicht bewußt ist, indem er Süßes ißt, oder diese Sucht durch andere ersetzt. Er fühlt sich jedoch letztlich unbefriedigt, weil sein eigentliches Bedürfnis das nach einem kindlich bedingungslosen Angenommenwerden ist. Er fühlt sich ungeliebt und dadurch ständig gekränkt. Im Grunde will er die Rückkehr zu einem kindlichen Status und einem Leben ohne Herausforderungen und Abgrenzungen.
Die Bauchspeicheldrüse hat zwei Funktionen: sie produziert Verdauungssäfte, so daß eine Unterproduktion Verdauungsstörungen bedingt. Und sie produziert das Insulin. Bei einer Unterproduktion kann der zugeführte Zucker nicht aufgearbeitet und dem Organismus einverleibt werden, und es entsteht die Krankheit der Diabetes, die auf psychosomatischer Ebene als Verweigerung, Süße=Liebe und Zuwendung zu sich zu nehmen und zu eigen zu machen, gesehen werden kann. Durch die Diabetes ist der Kranke gezwungen, von einem Ersatzstoff die Süße zu erhalten: er lebt auf der Ersatzebene und verweigert die echte, d.h. seinem Alter gemäße Stärkung durch Liebe, die ein Geben und Nehmen beinhaltet und ein gewisses Eingeständnis der Abhängigkeit voraussetzt.

Psychologie: Die Kraft der Erde ist weder Yin noch Yang, sie ist keines von beidem und beides zugleich ein geschlossener, horizontaler Kreis.
Der Nachsommer und auch die Zwischenzeiten sind Phasen des Übergangs. Die Kraft der Erde besteht in der Möglichkeit, diese Übergänge auszuhalten und durchzuhalten,

eine Einheit zu bilden, wo Zwischenräume klaffen könnten: es ist eine Kraft, die uns oft fehlt, da wir zu sehr in die eine oder andere Richtung ausgerichtet sind und ein Gefühl für die Mitte verloren haben. Erdung heißt also: die eigene Mitte finden. Diese Mitte ist nicht ein Ort, sondern ein Zustand, das Ergebnis von Vermittlung. Es bedarf der Intelligenz (von legere, lateinisch: lesen, ableitbar) als einer Fähigkeit, Informationen zu speichern und zu verarbeiten, um sich in einer Welt zurecht zu finden, die nie un-vermittelt sondern immer schon durch die Sinne und die Muster der Wahrnehmung, durch Erwartungen und Gewohnheiten eingefärbt, bzw vermittelt sich zeigt.
Eine schwache Erdung kann ihren Ursprung in einer Störung der oralen Phase der Kindheit haben: das Kind wurde in seinem Bedürfnis nach Geborgenheit und bedingungsloser, sicherer Versorgung nicht oder nicht ausreichend befriedigt. Daraus entsteht eine grundlegende Unsicherheit, woher die Kraft kommen soll, wenn nicht von Außen. Sie hat sowohl eine Suche oder Süchtigkeit nach Ersatz, vor allem nach Liebe, zur Folge, oder auch ein Nachgrübeln – wobei der Intellekt in diesen primären Fragen überfordert bzw nicht zuständig ist.
Bei Belastung reagiert Erde mit Sturheit, will die andere Ansicht nicht wahrnehmen, benimmt sich uneinsichtig, beharrt auf der eigenen Position, bockig, phlegmatisch, bisweilen zwanghaft. Rülpsen, Aufstoßen.

Die Emotion der Erde findet in der Verbindung mit anderen Elementen seine Nuancen:

Holz-Denken kommt aus dem Unterbewußtsein, zeigt sich impulsiv, unbedacht, prescht darauf los.

Feuer-Denken aus hohen Idealen, zeigt sich in Enthusiasmus.

Erde-Denken kommt aus der mentalen Fähigkeit, Informationen zu speichern und zu verknüpfen, zeigt sich in Objektivität und Integrationsfähigkeit.

Metall-Denken kommt aus der Logik, zeigt sich in Reflexion und Abstraktion.

Wasser-Denken kommt aus dem genetischen Gedächtnis, zeigt sich in Intuition.

Krankheitsdispositionen: Zwanghaftigkeit bis hin zur Besessenheit, die früher als Krankheit auf die Anwesenheit übergreifender Geister und Dämonen zurückgeführt wurde. Erschöpfung durch Fremdbestimmung, auch durch Fremdgefühle und Entfremdung. Allgemeine Schwäche, flüchtiger, „schlüpfriger" Puls, instabiler Tonus der Lebenskraft.

Drogen/Süchte: Zucker. Die „Glücklich"macher, z.B. Stoffe, die man unter anderem in der Schokolade gefunden hat – es gibt eine Schokoladensucht! Schlucken, in einem Schluck zu sich nehmen, schlingen.

Therapie: Psychoanalyse in schweren Fällen der Entfremdung, Familientherapie, wenn es darum geht, Fremdgefühle aufzuarbeiten. Manchmal reicht auch eine Kurzzeittherapie, etwa eine Hypno-Therapie, NLP mit Trance-Induktionen, die Diät und Eßverhalten betreffen, auf der körperlichen Ebene: Rebalancing, Touch for Health, Tai Chi Chuan, Akupunkturmassage, Atemtherapie.

Buffet-Rezept:	süßer Hirseauflauf – sehr saftig, gedünstetes Obst – große Stücke; Obstsäfte, Süßholztee
Zubereitung:	dunsten, schmoren, mit wenig Wasser dämpfen
Getreide:	Hirse, Mais
stärkend:	Orangenschalen
Beruhigend:	Basilikum
Räucherwaren:	Styrax, Lavendel, Rose

Fähigkeit: Sammlung im Sinne von äußerem Ansammeln und Speichern, ebenso wie innerer Sammlung, die das Verarbeiten der Eindrücke schon miteinschließt. Integration, die Integrität bewirkt und einem möglichen Selbstverrat, der auf Kosten des Organismus geht, entgegenwirkt.

Fixierung des Flüchtigen, z.B. des Sinnlichen, Sinn-Vollen, das zum Sinn-Haften wird.

HU

ist der heilige Klang

Organübung: Milz

Ausgangsbewegung: Schulterbreiter Stand mit lockeren Knien, Bauchatmung und mit dem Einatmen die Knie strecken, als wollte man dadurch die Energie leicht anheben. Wenn möglich, mit gestreckten Knien den Oberkörper über den Unterkörper nach unten abrollen, sich aushängen, dabei ausatmen.
Hochkommen zur normalen Position mit hängenden Armen, von dort sanft in die Diagonale, die eine Hand mit dem Handballen zum Himmel zeigend sich über den Kopf erheben, die andere mit dem Handballen zur Erde zeigend, als Gegenpol der Schwere ruhen läßt. Die erhobene Hand ist gegengleich vor dem Körper, die ruhende, hängende Hand ist gegengleich hinter dem Körper, sodaß auch die Diagonale zwischen Vorne und Hinten den Körper durchläuft.
Aus dieser Position nun beschreibt die vordere Hand einen weiten Kreis, von oben außen über die Seite nach unten kommend, über den einen Fuß hinweg zum Zweiten. Die Führung übernimmt nun die hintere Hand, die von hinten nach vorne, von unten nach oben steigt und den Kreis vollendet, während die andere Hand im Wechsel dazu

nach unten absinkt. So hat sich die Position der diagonal verlagerten Hände ausgewechselt, und die Bewegung geht zur anderen Seite. Wichtig ist, daß die Bewegung der Beuge, verbunden mit einer tiefen Bauchatmung und dem gleichmäßigen entweichenden Ausatem auf den Laut HU sich dem individuellen Atemvolumen anpaßt, sodaß die Übung im Anschluß noch viermal gemacht werden kann, ohne den Atemvorgang zu pressen oder zu erschöpfen.
Nach Vollendung des so beschriebenen Dreiviertelbogens sinkt die erhobene Hand zur Körpermitte, wo sie die andere trifft. Es folgt Entspannung.
Das ist die Energie, die die Pflanze braucht, um den Übergang vom Sommer zu Herbst, ihre höchstmögliche Reife zu erlangen.
Ruheposition: Schließen der Augen, nach innen gehen, nach innen schlucken, wohlwollend lächelnd sich eine spiralenförmige Verbindung zwischen Mund und Milz vorstellen, dazu die Vergegenwärtigung der Farbe goldgelb, damit die Milz ihren idealen Tonus finden und sich reinigen kann.

Visualisation: honig-gelber Magen, schmeckt sich selbst – leckt sich die Lippen!

Tier: Bär

Bärenübung:

Ausgangsposition ist schulterbreiter Stand, Füße parallel, Knie locker.
Handhaltung: der Bär erhebt seine schweren Pranken, während er brummend durch den Wald vor sich hin trottet. Die Hände hängen schwer mit der Handfläche nach unten, schließen sich zu einer weichen Faust. Bei Ausgangsposition zeigen beide Fäuste mit den Fingern – Daumen raus! – nach oben, die Arme liegen locker mit leicht angewinkelten Ellbogen an den Seiten an.
Der Bewegungsablauf läßt den Bären allein durch den rollenden geschmeidigen Einsatz seines großen Gewichts Kraft gewinnen: die Gewichtsverlagerung zur einen Seite bewirkt die Öffnung der anderen, während die Pranke der unbelasteten Seite sich erhebt, schwingt die andere Pratze aus, nur um sich im schwingenden Wechsel wiederum zu erheben, während das, was aktiv war, nun übergeht in schwingende Passivität, aber auch nur vorübergehend. Und so schwingt der Bär sich durch den Wald und genießt sein schwingendes Gewicht.
Die Füße bleiben parallel, die Wirbelsäule schwingt sich selbst um die Achse, verwurzelt sich im tief ansetzenden Schwerpunkt des Tantien*, läßt dem Wiegen und Rollen freien Lauf, ohne sich zu verausgaben.
Die jeweils sich erhebende Pranke kommt durch die Führung der Hüfte hoch, mühelos getragen vom Spiel der schwingenden Verlagerung, ohne Anstrengung der Schultern und Arme. Es ist die jeweils zum belasteten Fuß entgegengesetzte Hand, die hochkommt, ganz als ob durch einen hydraulischen Prozeß einerseits etwas heruntergepumpt würde, das an anderer Seite dadurch aufsteigen kann. Das Einatmen begleitet die Entleerung des entlasteten Fußes, das Ausatmen begleitet die fließende Erfüllung des belasteten Fußes, der an Gewicht und Wichtigkeit zunimmt, nur um sie wieder abzugeben. Der Bär hat ein heiteres Gemüt.
Die Energie vermehrt sich durch das Spiel der Übertragung, Verlagerung und Einsatz des Gewichts im fließenden rollenden Übergang.

Gangart: Quadratur des Kreises

Ausgangsposition: Füße zusammen, parallel. Mit dem Einatmen stellt man sich vor, daß der Atem nach oben steigt und dadurch das rechte Bein frei wird von der Verwurzelung mit der Erde, um nun entlang des Bodens, ohne den Bodenkontakt aufzugeben, (vor allem ohne daß die Ferse den Boden verläßt) schleifend einen Schritt geradeaus nach vorne machen. Mit dem Ausatmen gibst du dem vorgestellten Fuß langsam

* chinesisch Tantien – gemeint ist das Zentrum unterhalb des Nabels, (3 fingerbreit) im vorderen Teil des Bauches.

Gewicht, so daß der hintere Fuß frei und durch den hochgezogenen Einatem so leicht wird, sodaß er über den Boden schleifend den nächsten Schritt parallel nach vorne macht. Diese gleichmäßig gleitende, scheinbar bewegungslose Schrittfolge verbindet sich nun mit einer gelassen wirkenden Choreographie von Handbewegungen, die das Öfffnen und Schließen einer Schachtel beschreibt.
1. Rechte Hand legt sich mit der Handfläche nach unten und mit dem Unterarm vom abgewinkelten Ellbogen aus in die Horizontale gleichsam wie ein Tablett vor der Körpermitte.
2. Linke Hand folgt mit spiegelgleicher Bewegung.
3. Rechte Hand steigt aus der Horizontalen in die Vertikale. Handfläche zeigt nach innen.
4. Linke Hand folgt spiegelgleich.
5. und 6. zurück zu 1. und 2.
7. und 8. Arme sinken mit Handflächen nach vorne zeigend, Unterarme verbinden sich durch ausgestreckte Ellbogen mit Oberarmen zu einer Geraden, und es beginnt wieder von vorne mit der Errichtung der Horizontalen.

Bewegungsfunktion: Rund und schwingend, völlig beheimatet im Körper, so daß der Kopf sich nicht sorgen braucht um die Erledigung erlernter Bewegungsfähigkeiten. Dies ermöglicht eine Souveränität, mehrere Dinge gleichzeitig zu tun, z.B. im eigenen Rhythmus und Swing zu gehen und den Schritt mit einer Choreografie der Gestik zu verbinden. Dadurch können sowohl Prozeß wie Struktur körperlich erlebt und „eingefleischt" werden.

Bewegungsform: Rollen, Wiegen, Schwingen, Kreisen, Rocken und Rollen

Die Qualität des Swing, des souveränen, lässigen Schwingens unterscheidet den ehrgeizigen, mit seinem Körper Raubbau betreibenden Kunst-Tänzer von dem, der tanzt, weil Es tanzt, weil Es ihm nach Tanzen zumute ist. Oft sitzt bei westlichen Tänzern der Schwerpunkt nicht in der Mitte des Körpers, die sich nach östlicher Auffassung in der Nabelgegend befindet, sondern weiter oben, manchmal sogar im Hals – als Kloß, so daß einem schon vom Zuschauen die Lust am Tanzen vergehen mag. Auch andere Bewegungen, die nicht aus der Mitte kommen, wirken exzentrisch, gekünstelt, gemacht, artifiziell und strengen meist den Organismus in exzessivem Maße an. Der Swing jedoch ist nicht unbedingt etwas, was einem im Blute liegt, sondern kann durch Übung erworben werden: der Körper lernt sehr rasch, sich auf eine organische Ökonomie einzustellen, da es seinem Prinzip der Selbstregulation und Selbstorganisation, seiner selbstverständlichen Fähigkeit, ein Gleichgewicht zu finden, entspricht.

Partnerübung:

Du liegst bequem auf dem Rücken. Ein Partner, zu dem du Vertrauen hast, nimmt deinen Kopf in die Hände und hält ihn, zieht ihn sehr sanft aus dem Körper heraus, übernimmt für dich die Bewegung des Kopfhebens. Dann rollt er den Kopf, auch schräg, wiegt ihn hin und her, als wolle er ihn abwägen, und das alles sind wirklich minimale Bewegungen, die für einen Außenstehenden kaum zu sehen sind. Aber du wirst merken, wie sehr du innerlich Karussell fahren kannst durch diese Kopfbewegung. Achte darauf, daß du nur so lange die Bewegung zuläßt, wie sie dir angenehm ist und nimm dir danach viel Zeit, einfach so da zu liegen und Bilder, Gefühle, Erinnerungen kommen zu lassen, wenn sie kommen. Diese Übung ist eine gute Vorbereitung für den Wirbeltanz. Du kannst sie auch nur in der Vorstellung machen, ohne Partner, und dir dabei vorstellen, wie jemand, dem du vertraust, seine Hand auf deinen Nacken legt, so daß du dich eigentlich von der fremden Hand führen läßt, anstatt selbst die Bewegung zu machen.

Meditationsform: Taoistische Meditation

Bei diesen Meditationen steht die Gestalt des Kreises im Vordergrund. Der Kreis schließt sich, und damit schließt sich eine Gestalt im Bewußtsein: was offen stand, die losen Enden, nun werden sie miteinander verbunden und in den Umlauf des Kreislaufs gesetzt. Oft wird durch dieses „Kurzschließen" der offenstehenden Gestalten Energien frei – es entsteht ein Gefühl von Befreiung, von Erleichterung, da die abgespaltenen Teile bis dahin sehr viel Energie vom Organismus abzogen und bedrückten. Besessenheit kann eine Form dieser Fremdbesetzung durch eigene, aber unbewußte und abgespaltene Bewußtseinsinhalte sein. Deshalb sollte man es erstmal mit Bewußtwerdung und Integration versuchen, bevor man sich zum Exorzisten begibt ...

Bioenergetik: Umarmen und umarmen lassen.

Du liegst mit dem Rücken auf dem Boden. Du spürst den Kontakt deines Rückens, deiner Beine mit dem Boden. Du spürst die einzelnen Stellen, wo das Gewicht deines Körpers gegen den Boden drückt. Wie fühlt sich der Kontakt mit dem Boden an? Kannst du dich dem Boden anvertrauen, wo mußt du dich halten?
Dann spürst du in die Vorderseite deines Körpers, wie sie da liegt: gibt es bestimmte Gefühle, die sich mit dieser Lage verbinden?
Als nächsten Schritt nimmst du beide Arme hoch, etwa in Bauchhöhe, als wolltest du jemanden umarmen. Welche Gefühle und Bilder kommen bei dieser Bewegung des Haltens? Achte dabei darauf, daß die Arme rund sind und die Schultern entspannt. Auch die Fingerspitzen sind entspannt: beobachte, was für einen Ausdruck sie haben. Und dann läßt du dich für eine bestimmte und begrenzte Zeit auf ein Experiment ein:

Was passiert, wenn du das Wort „Bitte" in dieser Haltung denkst – zunächst denkst du es nur und beobachtest, wie es dir damit geht. Dann kannst du es laut sagen und jemanden bitten, dabei zu sein als Beobachter und Begleiter. Was verändert sich in der Stimme, in der Haltung in deinen Gefühlen und Bildern, wenn du das Wort Bitte öfters sagst, einfach immer wieder, bis du das Gefühl hast, es reicht: Du bist satt oder du hast es satt ...

Mudra: Die Hand ist eine Schale, die nimmt und gibt
Geben und Nehmen im Händedruck

Maske: im Gähnen sich gehen lassen, weit aufgerissenes Maul, lässig, dösig, lasziv oder auch gierig, kindlich bedürftig
(Vogeljunges sperrt Schnabel auf)
Ausdruck: Fülle, Zufriedenheit, innerer Friede

Improvisation: Handeln aus der Fülle: Geben und Nehmen

Du machst es ständig, und so oft, daß dir gar nicht mehr bewußt ist, was du da tust, wenn du jemanden die Hand gibst. Reichst du die Hand oder greifst du die Hand? Was begreifst du durch den Händedruck, und was möchtest du über den Händedruck dem Anderen signalisieren? Ist deine Hand leer oder voll? Will sie etwas loswerden, oder will sie etwas aufnehmen? In welcher Reichweite vom Körper geschieht die Begegnung der Hände – willst du dadurch den Anderen von dir halten oder in Dein Territorium einladen? Wieviel Nähe willst du in diesem Augenblick, und wie vermittelst du Dein Bedürfnis nonverbal und sozusagen subcutan?
In einer Gruppe bietet sich folgende Improvisation an: Alle gehen durch den Raum und schauen sich gegenseitig auf die Hände, während sie gleichzeitig ein Gefühl des Zustandes der eigenen Hände entwickeln. Was wollen diese Hände? Was brauchen sie gerade? Und brauchen sie überhaupt etwas, oder sind sie sich selbst genug? Schauen die Hände bedürftig aus? Was könnten diese fremden Hände deiner Meinung nach gut gebrauchen?
Und dann, während du so herum gehst, fallen dir vielleicht ein paar Hände besonders auf, zu denen du dich hingezogen fühlst – oder: von denen du dich abgestoßen fühlst. Du machst die Probe auf's Exempel: Du gehst zu diesem Menschen und reichst ihm die Hand. Nimmt er sie? Und wie nimmt er sie? Was begreifst du durch deinen und seinen Griff?
Probiert den Händedruck öfters aus. Verändert sich der erste Eindruck? Verändert sich der energetische Zustand der Hand, der energetische Fluß zwischen den Händen? Tauscht euch über eure Eindrücke aus.

Rollenspiel: Bitten und betteln

A und B probieren das Bitten und Betteln unter verschiedenen Umständen und mit verschiedenen Rollenzuweisungen aus. A wird sich dabei ganz auf seine spontane Gestaltung verlassen und nicht vorher planen, wie er es am besten angeht, um das zu bekommen, was er haben will. Er wird sich ganz von den Worten: „Bitte" und „Gib' mir" leiten lassen und schauen, was für Gesten und Ausdruckshaltungen sich durch die Interaktion mit B ergeben.
B hingegen wird einmal den Hartherzigen spielen, dann den, der voller caritativer Teilnahme ist und vor Mitleid überfließt. Und schließlich, als neutrale Figur, wird B nur die Geste des Einverständnisses machen und ungerührt ständig mit dem Kopf nicken. Um diese Figur besser zu erfühlen, kann B sich vorstellen, daß er da eine Geschichte hört, die er schon zum tausendstenmal hört; er ist nicht dafür und nicht dagegen, er ist einfach das, was er ist, ein Jemand, der ständig mit dem Kopf nickt.
Dann wechseln die Rollen von A und B, es erfolgt der Austausch von Beobachtungen.

Drama: Auf den Spiralwegen des Labyrinths

Hier wird der Drehtanz ein Drama für sich: Was für viele nur ein Kinderspiel ist, soll jetzt zu einer Bestandsaufnahme deiner jetzigen Verfassung werden. Wenn du dich eindrehst, so geschieht es nach rechts, denn die Rechtsläufigkeit geht mit dem Sonnenlauf, mit dem Lauf der Dinge, der Natur, den Gesetzen der Manifestation. Du beginnst langsam, die Hände sind erhoben und zeigen mit den Handflächen nach innen, und du beschleunigst, soweit und soviel du möchtest. Dies ist die Phase der Manifestation, Realisation, und während du drehst, dämmert es dir vielleicht, wovon du mehr brauchst, oder was es ist, was du brauchst, was du gerne hättest, was du dir wünschen würdest, wenn du einen Wunsch frei hättest.
Achte auf den Punkt, wo es gerade genug ist, bevor es dir zuviel wird. Laß dich fallen an diesem Punkt oder sanft zur Erde niedersinken, liege so lange, wie es dir notwendig erscheint.
Nimm den Zustand deines Körpers, des Organismus wahr, beobachte deine Bilder, Gefühle, vielleicht auch Erinnerungen oder Gedanken.
Dann, mit einem Satz, bist du wieder auf den Beinen und beginnst auszudrehen, nach links, also in die Richtung der Gegenläufigkeit. Dies ist die Phase der Auflösung, Reinigung, Befreiung, und du beginnst mit demselben schnellen Tempo zu drehen, mit dem du vorher aufgehört hast. Die Handflächen zeigen diesmal nach außen. Dann, während du drehst und immer langsamer wirst, bis du zum Stehen kommst und ruhig in der Mitte zwischen Erde und Himmel stehst – kann es sein, daß dir Wünsche einfallen, aber es werden Wünsche sein, die das Abgeben, Loswerden, Lösen betreffen, während es vorher um Bindung ging. Die zwei Phasen entsprechen dem alchemisti-

schen Rezept des „Binde und Löse" – eine Macht, die übrigens auch der Papst in seiner Funktion als Pontifex, als Brückenbauer zwischen Himmel und Erde hat.
Es wird hier darum gehen, das richtige, organische und ganz eigene Mittelmaß zu finden, für sich zu ermitteln, vermitteln.

Figur: Der Archetyp der Großen Mutter in ihrem guten, nährenden, bergenden Aspekt. Erd-Figuren sind alle jene, die nach dem Prinzip des selbstverständlichen Versorgtwerdens und im Glauben an die Unerschöpflichkeit der Vorräte ebenso wie in der Hoffnung auf Wunder vom Typ der wunderbaren Vermehrung leben und dementsprechend ihrem Optimismus Ausdruck geben:
Die Boogy-tanzenden Bären in Disneys Verfilmung des Kiplingschen „Dschungelbuch", Sugar-daddy: der joviale Vater-Typ, der für alles sorgt und alles wieder ins Reine bringt. Oder auch der Teddy-Bär, den man ohne Verpflichtung und Risiko herzen, an sich drücken kann, bis er platt ist.
Ansonsten, und meist nur im Film: gutmütige Matronen, Ammen und Köchinnen, Mammies mit üppigen Busen und runden Hüften, La Mamma!

Slogan:	Take it easy Let it be
Comic:	Gulp, Smack, Schlurp, njam Dschubbedubbedumm
Geräusche:	Jemand singt vor sich hin. Stimmengewirr, Gemurmel, Singsang Bienensummen, das vielgestaltige Zirpen in einer Sommerwiese, das Brummeln eines fernen Gewitters, graublaue Wolken decken ab, dämpfen Schall, machen alle Geräusche nah und intim, wie in einem Haus, in einem Zimmer.
Klang:	ohne Hall und Echo, direkt am Ohr, im Ohr, als würde jemand etwas sehr Privates dir ins Ohr flüstern, ganz vertraulich, nur für dich bestimmt- solche Stimmqualität wirkt sehr hypnotisch und suggestiv, da sie der Organismus als körpereigene Information aufnimmt. (ganz nah am Mikrophon gesprochen)„privat".
Instrumente:	menschliche Stimme Marimbas, Mbira (afrikanisches Instrument, „Fingerklavier" genannt, das den Singsang begleitet) weiche, tiefe Trommeln, die einlullen, oder andere Percussionsinstrumente, die ein rhythmisches Raum-Kontinuum aufbauen
Rhythmus:	kontinuierlich wiegend, schaukelnd, Wiegenlied, Pulsation, die spontan entsteht, wenn man ein Kind auf den Arm nimmt, um es zu beruhigen. Polyrhythmische Strukturen wie z.B. in der afrikanischen Musik: Übereinanderlagerung verschiedener rhythmischer Phasen und sich körperlich vermittelnden Integration durch Verbindung mit Bewegungen
Musikbeispiele:	Gesänge zu Heilungszeremonien der Kung der Kalahari-Wüste, Pygmäen-Gesänge aus dem Gebiet des Ituri-Regenwalds in Zentralafrika

	„Dance for a warrior" auf CD „Voyager" von Julian Horky Afro-cubanische Conga-Ryhthmen, z.B. gespielt von Guem afro-amerikanischer Stil von Gospel und Blues, z.B. das Wiegenlied in Gershwins Oper „Porgy and Bess": „Summertime"; Lied von Nina Simone: „Plain gold ring"; Filmmusik zu „Robin Hood" von der irischen Gruppe „Clannad"
Gerüche, Düfte:	Gras, frisch gemähtes Heu, blumig schwere Parfums, einschläfernd
Ort und Richtung:	mittendrin
Zeitperspektive:	Zeitlosigkeit der Gegenwart, Aufhebung der Perspektive, die Stunde des großen Gottes der Natur: Pan
Bühnenbild:	Flirrende Hitze, die steht, gärt, brütet, Dunstschleier, aquarellhaft verschwommene, impressionstisch aufgelöste Formen
Farbspiele:	z.B. Claude Monets „Sommerwiese", satte opaque Farben auf tropisch-dunklem Grund, wie in den Bildern Gaugins
Bauten:	Frühromanik, Zisterzienser Stil, gedrungen,höhlenartig rund und dunkel, Kiva der Hopi-Indianer: ein unterirdisches Zeremoniengebäude in Form einer Zelt-Höhle, das in die Erde eingegraben ist. Zeremonienhöhlen der australischen Aborigines, Gebärmutter-Form, Schwitzhütte

Märchenphase: „... und wenn sie nicht gestorben sind, so leben sie noch heute ..."

So enden die Märchen und stellen damit einen Zustand her, wie er ganz am Anfang, noch vor all den Störungen, leidigen Prüfungen und Verwirrungen geherrscht hat. Sie stellen eine Harmonie wieder her, wie sie im Paradies vor der Vertreibung gewesen ist: Märchen erzählen von den Bedingungen, wie diese Harmonie wieder zu erreichen ist, doch sobald dieser Zustand erreicht ist, tritt so etwas wie der schläfrig glückliche Zustand der Befriedigung ein und es scheint, als wäre es nie anders gewesen. Es ist ein Zustand der Zeitlosigkeit, in der sich die Geschichten nach bewährter Art und in immer aufs neue gültigem Muster wiederholen. Zum Glück gehört auch die Überzeugung, daß es sich eigentlich so gehört – daß das Leid nur vorübergehend in Kraft treten konnte.
Das ist es eben, was Märchen zu Märchen macht:die märchenhafte Gewißheit, daß das Glück den Guten zusteht wie etwas, auf das sie Anrecht haben. Es ist das Vertrauen auf das Happy End, den guten Ausgang der Dinge, das das Märchen grundsätzlich von der Geschichte unterscheidet: während in den Märchen die Harmonie prästabilisiert ist, bleibt die Geschichte nach der Seite der Zukunft immer offen.

Phantasie: Die Anrufung des Großen Bären

In den Steinzeitkulturen war der Bär die Figur für den Heiler. Es gibt Abbildungen, die den Menschen, vor allem den reisenden Schamanen, der sich um Heilung für seine Patienten bemüht, zeigt: er wird wie ein Kind von dem Großen Bären in dessen Schoß gehalten und von hinten umarmt, so daß er seinen Nacken entspannen und seinen Kopf

vertrauensvoll anlehnen kann. Ein Ohr, das rechte, ist leicht nach hinten geneigt, wie um besser verstehen zu können, was ihm vielleicht der Große Bär zuflüstern will. Stell dir vor: ein solcher Bär umarmt eines Tages auch dich und gibt sich als Dein innerer Heiler zu erkennen. Er weiß, was dir fehlt, was du brauchst, um heil, um ganz zu werden.
Und du spürst ihn wärmend und weich in deinem Rücken, er unterstützt dich, gibt dir Rückendeckung. Und wenn du nicht alles überblickst, nicht alles durchschaust, nicht alles berücksichtigen kannst, und dir deshalb Sorgen machst, von Sorgen dich zermürben läßt, dann kannst du dich an diese Instanz deines inneren Heilers wenden und ihm deine Sorgen erzählen, ihn um Rat fragen. Schließlich ist er viel älter als du, und wahrscheinlich älter als die Menschen überhaupt und hat so einiges erlebt und an Heiler-Wissen angesammelt. Wahrscheinlich ist er deshalb so optimistisch und hat so einen unverwechselbaren Swing drauf, daß man sich gerne von ihm auf den Arm nehmen läßt, sich gut dort aufgehoben fühlt ...

Ritual: Abgeben

Es beginnt bei den Augen. Du stellst dir vor, den fixierenden, festhaltenden, klammernden Blick, der die Augen überfordert, abzugeben. Du legst die Hände auf die Augen. so daß die Handballen auf dem Jochbein zu liegen kommen und einen wohltuenden Druck ausüben. Du stellst dir vor, wie du durch diese Geste deine Augen den Schalen deiner Hände übergibst, und damit auch alles, was du gesehen hast, alle kleinsten Details, die du dir merken willst, die dich durcheinander bringen, dich nerven, weil es so viele und so vielfältige sind ... Nun gibst du sie ab. Du läßt den Kopf hängen, sehr lange. Du läßt den Kopf sinken, bis er die Erde berührt, und legst die Stirne dort ab. Du übergibst deine Gedanken der Erde, die sie für dich aufbewahrt.
Es sind vor allem Gedanken, von denen du weißt, daß sie dir nichts nützen, da sie sich mit sorgenvollen Was-wäre-Wenns und Aber-vielleicht-dochs und Obwohls beschäftigen, und nicht mit dem, was jetzt ist. Und indem du sie der Erde übergibst, vielleicht immer am selben Ort, legst du ein kleines Sorgendepot an – für die Tage, da dir vielleicht keine neuen mehr einfallen. Und du kannst für jede Sorge ein Steinchen hinlegen, ein Steinchen von vielen, die dir im Magen liegen, und es fühlt sich schon viel besser an, wenn da so ein Steinchen stellvertretend für den Sorgenstein im Magen abgelegt wird. Auch kannst du mit wachsendem Aufschichten der Steinchen z.B. in Form eines Altars bildlich das Ausmaß deiner Gedankenproduktion vor dir sehen, und, falls du sie mit einem Datum beschriften willst, eine Art Archiv einrichten.
Dieses Ritual hilft dir nicht nur, die Steine im Magen loszuwerden, sondern macht dir vielleicht auch bewußt, was genau dich bedrückt: Nimm deshalb für jede Sorge einen extra Stein!

金

METALL

Der Falter entschwand,
Und meine eigen Seele
Kam wieder zu sich.
(Mafu)

Die Schlange schlich sich fort;
Die Augen, die mich ansahn,
Sie blieben im Gras ...
(Kyoshi)

Selbst Gold setzt Rost an:
Im Blattwerk bergen
Sich alte Zeiten ...
(Chora)

Nun Kahn und Küste
Wie ins Gespräch versunken
Am langen Tage ...
(Shiki)

kühlender Abstand – ein Freiraum

Jahreszeit:	Herbst
Tageszeit:	Abend
Himmelsrichtung:	Westen
Klimatische Zuordnung:	Trockenheit
Farbe:	weiß
Geruch:	metallisch
Geschmack:	scharf
Emotion:	Trauer
Ausdruck:	Klagen
Speicherorgan:	Lunge
Werkstattorgan:	Dickdarm
Sinnesorgan:	Nase
Sinnesfunktion:	riechen
Körperteil:	Haut
Körperfunktion:	sich abgrenzen, eine Gestalt für sich bilden

Geistfunktion:

pro (po) ist jenes Urgedächtnis, in dem alle Informationen der Evolution gespeichert sind. Wer sich auf die Ebene pro begibt, wird mit Informationen, die das Karma, die Gesetzmäßigkeit von Aktion und Reaktion, die Wirklichkeit der Wirkung aller Aktionen betreffen, konfrontiert. Dies mag eine schmerzliche Erfahrung für den sein, der bis dahin seine Freiheit als Unverbindlichkeit genossen hatte und nun in der Not die unerbittliche Kraft spürt, die nötig ist, um Not zu wenden: Not nötigt, sagt man. Oder auch: Wer nicht hören will, muß fühlen. Die Zellularprozesse des Körpers sind gesteuert von pro – wir sprechen von einer Körperweisheit auf Zellebene. Wer Einblick in das Wesen von pro gewinnt, wird den biologischen Prozeß des Lebens verstehen. Dieser schließt nicht nur Aufbau, sondern auch Zerstörung mit ein und ist „jenseits von Gut und Böse", also amoralisch.

Urbild: Formbildung durch Kristallisation, wie beim Mineral, der Eisblume. Sichtbarwerden einer Struktur: des Spinnennetzes im Tau, Silhouetten der Stadt in der Ferne

Vorstellung: ein Schritt zurück schon verändert den Standpunkt und die Sichtweise

Chi-Bewegung: Konzentration von Außen nach Innen, von der Peripherie zum Zentrum hin, adstringierend

Leere: nicht aufhören können, ohne inneren Abstand und Überblick, keine Beherrschung

Fülle: Zuviel Trauer verringert das Chi

Lebensaufgabe: Kontakt zur Instinkt-Ebene, z.B. instinktiv die Lage immer neu erfassen, statt von Vorurteilen geprägt, Intuition entwickeln

Staatsdienst: die Lunge sorgt für Ordnung durch Rhythmus
Ihr obliegt die Aufgabe, als Minister das Chi zu empfangen und zu verwalten.
Der Dickdarm ist die Müllabfuhr

Organzeit: Lunge: 3.00-5.00
Dickdarm: 5.00-7.00

Psychosomatisches Klischee:

Die Lunge ist unser „Luft-Magen", wobei Luft unser Grundnahrungsmittel ist. Unsere Lunge stellt zwangsläufig Kontakt zu unserer Umwelt her, und wenn wir diesen Kontakt verhindern würden, würde dies den Tod durch Ersticken bedeuten. Wir sagen: „Ich kann den nicht riechen". Ein Anderer kann uns allein durch seine Anwesenheit die Luft wegnehmen. Die fesselnde, „atemberaubende" Liebe eines Anderen kann sich in Erkrankungen der Lunge zeigen, dies gilt vor allem für die erste große Liebe: die Liebe zur Mutter, die Liebe der Mutter. Sie kann unter Umständen so sehr den Atem rauben, daß der Freiraum zum Atmen beschränkt wird und die eigene Entfaltung behindert.
Der Dickdarm hat einen direkten Bezug zum Unbewußten: er ist verantwortlich für die Art und Weise, wie wir Eindrücke hinter uns lassen, ob wir sie stauen oder loslassen, ob wir fähig sind, Abstand zu gewinnen, oder nicht. Verstopfung heißt in der Sprache der Psychosomatik auch, nicht geben zu können, oder nicht hergeben zu wollen, an Überholtem festzuhalten, mit seinen Gefühlsäußerungen zu geizen. Dadurch kommt der natürliche Rhyhthmus und Fluß der Dinge zum Stillstand: das Unterbewußtsein wird zum Abfalleimer unverarbeiteter Eindrücke, und niemand holt den Abfall ab. Die beste Darmreinigung ist also eine Bereinigung der Lebensumstände.
Der Dickdarm ist die Endstation der zu verarbeitenden Eindrücke – wer krank an ihrer Aufarbeitung geworden ist, sollte darüber sprechen, was ihn bedrückt – sollte darüber sprechen = das hergeben, was er bislang verdrängt = versteckt und zurückgehalten hat. Oft findet sich dann auch auf somatischer Ebene eine „Lösung".

Psychologie: Die Kraft des Metalls wird das junge Yin genannt.

Es ist eine Kraft, die aus dem Leerwerden, Abnehmen, Ausscheiden und Verabschieden erwächst: das Yin nimmt dadurch zu. Aber vielleicht weil es eben noch ein Zustand der Jugend ist, geschieht dies oft nicht geschmeidig und lässig, sondern hart und verletzend, als sei die Zeit eigentlich schon lange überreif. Gerade in unserer Kultur, die sich von alten Höflichkeitsformen konventionellen Abstandnehmens emanzipiert hat und alles so lässig und selbstverständlich handhaben will, geschehen oft Verletzungen aus der Unfähigkeit heraus, nicht im richtigen Augenblick handeln zu können, daraus, die Dinge, die Verbindungen zu lange anstehen zu lassen. Ein solches im Grunde hilfloses und verzweifeltes Nein kann unnötig weh tun, und unter Umständen es noch unmöglicher machen, wirklich und endgültig sich zu trennen. Es drängt sich auch für unsere patriarchale, von Männerbünden und Clubs immer noch geprägte Gesellschaft die Assoziation auf, ob beim jungen Yin – natürlich nur in diesem spezifischen Fall – sich der ganze Mutterhaß, in den allzu lange und klebrige Mutterliebe und mütterliches Geliebtwerden umgeschlagen ist, steckt. Während nämlich im Erdelement das primäre, von der Mutter abhängige Stadium der kindlichen Entwicklung sich vollzogen haben sollte, finden wir mit Beginn der Metallphase jenen Einschnitt in der Kindheit vor, wie ihn z.B. die Einschulung bedeuten kann. Der Ernst des Lebens beginnt, und gleichzeitig wird neben der Mutter der Vater, der das Gesetz, die Ratio, die Sprache und gesellschaftliche Konventionen verkörpert, wichtig. Allerdings ist der Übergang vom primären Stadium zum sekundären bei den meisten Kindern früher anzusetzen – etwa dann, wenn sich die Sprache ausbildet, und neue Bereiche sich durch die Abstraktion der Zeichen auftun. In der Mathematik finden wir übrigens nochmals diese – oft schmerzvolle, traumatische, nie vollzogene – Ablösung vom Sinnlich-Konkreten vor, in dem Augenblick, da das Kind lernen muß, sich mit Zeichen zu begnügen, und nicht mehr auf die Rechenmaschine und deren Kügelchen, bzw. konkrete Äpfel und Birnen zurückgreifen kann, um zu be-greifen.

Der Übergang von Erde zu Metall stellt einen wichtigen Schritt für die psychologische Entfaltung des Individuums dar, und es ist erstaunlich, wie wenige Menschen wirklich damit „zu Rande" gekommen sind, ohne in Traurigkeit zu verfallen oder in eine ständige Unsinnlichkeit und Unberührbarkeit sich flüchten, weil sie die Vorstellung der Vergänglichkeit und Sterblichkeit nicht ertragen können.

An diesen Punkt sei erwähnt, daß Askese eben nicht Enthaltsamkeit in diesem neurotischen Sinne meinen will, sondern als Fähigkeit des Metalls gesehen werden sollte, sich des grenzenlosen, undisziplinierten und letztlich lustlosen Ausuferns zu enthalten, einen Punkt zu setzen, und zwar im richtigen Moment. Letztlich ist es ein Dienst an der Lust, an der Ästhetik, am Sinn, genau dann aufzuhören „wenn es am schönsten ist", also auf der Höhe der vollen Reife und Entfaltung. Alles Überreife geht in Verwesung und Fäulnis über – wofür ja der Dickdarm zuständig ist. Wenn es nicht abgeholt und ausgeschieden wird, beginnt es zu stinken und den Organismus zu vergiften: es fühlt sich an, als würde man mit den berühmten Leichen im Schrank das Haus teilen.

Bei Belastung reagiert Metall mit Verweigerung: es distanziert sich, macht einfach nicht mehr mit, bleibt unbeteiligt, entzieht seine konstruktive Kritik.

Die Emotion des Metalls findet in ihrer Verbindung mit den anderen Elementen ihre Nuancen: das Bedürfnis nach Ritualisierung entspricht dem Metall.

Ein Ritual unter dem Aspekt des Holzes wäre ein Ritual der Geburt, des Neubeginns, des Wachsens („Ostern").

Ein Ritual unter dem Aspekt des Feuers wäre ein Ritual der Lebensfreude und Fruchtbarkeit („Sonnwend").

Ein Ritual unter dem Aspekt der Erde wäre ein Ritual der Dankbarkeit für das Empfangene („Erntedank").

Ein Ritual unter dem Aspekt des Metalls selber liefe Gefahr, in der reinen Formalisierung zu enden.

Ein Ritual unter dem Aspekt des Wassers wäre eine Ritual der Dunkelheit, des tiefsten Standes („Weihnacht").

Krankheitsdispositionen:

Störungen im Element des Metalls können sich schon im Atemverhalten anzeigen. Der Atem versorgt den Organismus mit dem lebensnotwendigen Sauerstoff und darüber hinaus mit einer Energie, aus der heraus wir lebendig sind: das Chi, in Indien Prana, von Wilhelm Reich Orgon genannt. Im Westen spricht man auch von Od, und früher maß man dem Äther diese nährende Funktion zu. Der Atem verbindet den Menschen mit der Außenwelt: bei manchen ist diese Verbindung so schwach, so daß die Außenwelt immer wie abgetrennt und fern erlebt wird, und dies ein Gefühl chronischer Melancholie und des Weltschmerzes bewirkt. Wenn diese Menschen einmal durchatmen, tief einatmen, kann sich die ganze Lebenseinstellung verändern. Andere Menschen fühlen sich ständig beengt und bedroht, als hätten sie nicht genug Luft zum Atmen – auch wenn sie noch so krampfhaft danach ringen: der Extremfall wäre der Asthmatiker. Wenn sie jedoch einmal lernen, kräftig und entschlossen auszuatmen und so sich den Raum zu verschaffen, der ihnen das nötige Gefühl von Spielraum und Freiheit gibt, könnte auch hier eine grundlegende Änderung in physischen wie psychischen Geschehen statt finden.

Zuviel oder zuwenig Nähe, zuviel oder zuwenig Kontakt drücken sich in Krankheiten im Brustbereich oder der Lunge aus: die Schwindsucht war eine Krankheit der weltfremden Künstler des letzten Jahrhunderts, jener einsamen Genien, die sich hohen Idealen verschrieben hatten und selbst unfähig waren, vom Mana, vom Brot des Himmels sich erfüllen zu lassen.

Ebenso sprechen Erkrankungen der Haut, jenes Organs, das Abgrenzung gewährleistet, für sich.

„Es juckt mich" bis zu „Das kratzt mich nicht" zeigen in der Umgangssprache den Grad des Interesses an, wobei das Wort Interesse sich von inter-esse, lateinisch dazwischen sein, ableiten läßt. Interesse ist eine erste, oftmals unbewußte Art des Austauschs mit der Außenwelt und entspricht einem Instinkt, der am besten als Neugier zu bezeichnen ist. Dieser Instinkt des Interesses verbindet uns, freiwillig oder auch unfreiwillg, mit den Informationen, die von außen auf uns zukommen: wir wittern etwas, und es mag uns vielleicht stinken, aber wir können nicht anders, als damit verbunden zu sein. Erst auf der Ebene bewußter Abgrenzung erlischt unser instinkthaftes Interesse, und damit auch die Faszination, das Angezogen- und Ausgeliefertsein.

Drogen/Süchte: Nikotin, Rauchen, Paffen wie ein Schlot

Therapie: Atemtherapie, Rebirthing, Pranayama, bewußtes und kontrolliertes, diszipliniertes Atemtraining. Rhythmik, Rhythmus-Therapie, das Lernen lernen-Lerntraining

Buffet-rezept:	Indisches Currygericht und Reis mit Gewürzen (Nelken, Zimt, Sambal, Chili) Schnaps, Sake, Mu-Tee
Zubereitung:	backen
Getreide:	Reis, Hafer
stärkend:	Cayenne-Pfeffer
beruhigend:	Ingwer, Knoblauch
Räucherwaren:	Nelken, Salbei

Fähigkeit: frei sein zu wollen: Freiheit als Vorstellung und Ideal, als Anspruch und Bedürfnis und als Körpergefühl zu realisieren

sssss

ist der heilige Klang

Organübung: Lunge

Ausgangsbewegung: Schulterbreiter Stand mit lockeren Knien, Bauchatmung, mit dem Einatmen die Knie strecken, als wollte man dadurch die Energie leicht anheben.
Wenn möglich, mit gestreckten Knien den Oberkörper über den Unterkörper abrollen, sich aushängen, dabei ausatmen. Mit dem Einatmen hochkommen zur normalen Position, und weiterhin einatmend die Arme über die Körpermitte nach oben über den Kopf, von der Mitte kreisförmig über die Seite abführend wieder zur Körpermitte bringen und nun mit dem Ausatmen auf den Laut Sssss den selben Kreis noch einmal ausführen. Dabei weisen die Handballen in der Mitte aufsteigend zueinander, als

wollten sie zwischen sich eine Blume halten. Dann, beim Sinken der Hände über die Seite weisen die Handballen nach außen, als wollten sie die abfallenden Blütenblätter begleiten.
Beide Kreise, der des Einatmens wie der des Ausatmens, sind gleich groß und gleich lang und schließen sich wieder in der Rückkehr zur Körpermitte.
Das ist die Energie, die die Pflanze braucht, um ihre Kraft einzusammeln und den Saft rückströmen zu lassen, sodaß die Früchte sich lösen und abfallen können.
Ruheposition: Entspanntes Stehen, Schließen der Augen, nach innen riechen, wohlwollend lächelnd sich eine spiralenförmige Verbindung zwischen Nase und Lunge vorstellen, dazu die Vergegenwärtigung der Farbe weiß, damit die Lungen ihren idealen Tonus finden und sich reinigen können.

Visualisation: blütenweiße Lungen

Tier: Schlange

Schlangenübung:

Ausgangsposition ist ein schulterbreiter Stand, Füße parallel, Knie locker. Handhaltung: die gespaltene Zunge der Schlange ist ein V-Zeichen, von Zeige- und Mittelfinger gebildet, während der Daumen den Ring- und kleinen Finger umfaßt.
Der Bewegungsablauf führt eine Hand über die Seite vorne eng anliegend am Körper zum entgegengesetzen Ohr, während die andere Hand zur Erde zeigt und in der vertikalen Achse verharrt. Das Verdrehen der oberen Wirbelsäule gegen die untere

geschieht mit einer Gewichtsverlagerung, sodaß das Ausdrehen nach der unbelasteten Seite hin die Hand der belasteten Seite in eine diagonale Verschränkung führt. Beide Hände zeigen mit der Handfläche nach außen.
Durch das Nichtausweichen von parallel bleibenden Füßen und aufrecht in vertikaler Achse sich verdrehender Wirbelsäule erfolgt eine Verengung und äußerste Zusammenziehung, als sollte der Atem völlig rausgepreßt werden. So windet sich die Schlange um den Baum.
Das Ausatmen begleitet zischend diese bedrückende Einschnürung, die befreiend sich wie ein Alptraum wieder auflöst.
Die Energie bewegt sich auf den extremsten Punkt der Enge zu, um Erweiterung und Befreiung als Gegenreaktion zu bewirken.

Gangart: Schneiden

Ausgangsposition: Füße zusammen, von dort Ausfallschritt seitlich vor, Belastung auf den Fußballen, abgehacktes, kurzentschlossenes Aufbringen der Ferse auf den Boden wie ein Fallbeil. Dazu die Geste der Hand, die mit geschlossenenen und straff durchgestreckten Fingern die Schärfe eines Messers erreicht.

Die Hand holt weit aus zum Schlag, gleichzeitig setzt der Fuß zum Ausfallschritt an. Die Hand saust mit der Schneidebewegung von oben außen nach unten zur Mitte. Das gleiche zur anderen Seite. Schritte und Gesten verbinden sich zu einem flüssigen Wechsel und sicheren Rhythmus.

Bewegungsqualität: Rückzug, sich Raum schaffen durch Abstandnehmen, aber auch sich eine Bahn freischneiden, eine Bresche schlagen

Partnerübung: Die Trennung der Siamesischen Zwillinge

Du und Dein Partner stehen seitlich aneinander gelehnt, so daß die Schultern den Kontaktpunkt bilden. Es ist einfacher, die Übung zunächst mit jemandem von ungefähr gleicher Körperhöhe zu machen. Ihr macht es Euch in dieser Position gemütlich, als wolltet Ihr so übernachten: die Knie sind weich und durchlässig, das Kreuz macht sich gegen das Hohlkreuz rund, der Atem geht langsam und gleichmäßig bis in den Bauch, der ganze Körper ist zwar entspannt, aber zugleich durch den Atem belebt und straff. Der Atem läßt dich tiefer und tiefer in den Boden sinken und dich mehr und mehr am Kontaktpunkt der Schultern mit deinem Partner verschmelzen, bis du das Gefühl hast, ein einziger kon-spirierender, d.h. zusammen atmender Organismus zu sein. Nun kannst du noch das innere Bein langsam vom Boden wegnehmen und Dein Partner auch, so daß ihr zusammen nur mehr zwei Beine habt, und mehr braucht der Mensch

ja auch nicht: ihr seid nämlich nun zusammengewachsen und atmet nicht nur in das eigene Standbein, sondern auch in das fremde. Wenn Ihr das Gefühl habt, völlig Eins geworden zu sein, trennt Ihr euch wieder sehr sehr langsam, um genau zu beobachten, wie der Organismus darauf reagiert. Langsam senkt sich das unbelastete Bein und setzt wieder auf dem Boden auf. In dem Maße, da es das eigene Gewicht übernimmt, wird der Kontaktpunkt an der Schultern frei, bis sich die Schultern voneinander lösen.
Das kann ein sehr merkwürdiges Gefühl sein! Aber die Übung funktioniert nur nach dem Prinzip: vollkommen sich einlassen, um vollkommen loszulassen.

Bewegungsfunktion: Kontraktion, Kondensation, Intensivierung und Disziplinierung der natürlichen, instinktiven Bewegung, die auf Abruf willentlich als Leistung erbracht werden kann.

Bewegungsform: sich zusammenziehend, zurückziehend, das „contract" im Jazzdance, das im Gegensatz zum organischen „release" den Willensimpuls setzt, gibt dem Tanz Form und Akzent, es phrasiert die Bewegungsabläufe.
Das „contract" ist zunächst ein instinktives Verhalten, z.B. das Zurückschrecken und Hartwenden bei Bedrohung, wenn der Organismus „in Harnisch geht" und aufrüstet: es ist ein Moment großer Spannung, die sich auf den Zuschauer überträgt und ihm ein Gefühl von Intensität schenkt. Deshalb ist die beherrschte Kontraktion – im Falle des contract ist es die Kontraktion des geraden Bauchmuskels und des Psoas im Zentrum, der den ganzen Körper zusammenzieht und ballt – eine wichtige Fähigkeit, die es im Tanzunterricht zu erlernen gilt. Ohne sie wirkt der Tanz uninteressant, spannungslos, langweilig. Die wirklich gekonnte contract-Bewegung hingegen wirkt animalisch instinktiv, sie muß spontan kommen und rhythmisch präzis einsetzen. Sonst artet das Ganze in einen einzigen Krampf aus.

Meditationsform: Vipassana

Bioenergetik: Durch den Einatem die Welt zu sich herholen, den Ausatem sich befreien. Du sitzt oder liegst, am besten aber stehst du, und zwar an einem Ort, wo du einen weiten Ausblick in die Ferne hast. Du visierst einen Punkt in der Ferne an und wirfst in deiner Vorstellung eine Schnur dorthin aus, so daß du eine Fluglinie zwischen dir und dem Punkt visualisieren kannst. Wenn du nun einatmest, wirst du den Punkt an der Schnur zu dir herholen. Gleichzeitig strömt der Atem tief in dich ein und macht dich weit, so daß du die Ferne in dir zulassen kannst als einen neuen Raum, den du jetzt entdeckst.
Im Ausatmen wird die Schnur wieder ausgestoßen und ausgerollt: der Punkt rückt wieder von dir ab, verschwindet wieder in der Ferne, scheint unerreichbar: Nur du weißt jetzt, daß Nähe und Ferne von deinem Atem abhängen ...

Mudra: Des Samurais: Die Handfläche wird zum Schwert (innerlich sich sagend: warte nur! oder: das laß ich mir nicht bieten oder: bis hierher und nicht weiter) dabei ist die Handfläche total gestreckt, die Finger zusammengefügt.
Commedia dell' Arte: der Arm, der sich sehnend ausgestreckt, zieht sich enttäuscht zurück

Maske: Klage: hochgezogene Lippen bis hin zur anklagenden Enttäuschung und der Verachtung für saure Trauben. Ausdruck: Endlich frei! Erleichterung durch Enttäuschung (wenn es anders nicht geht ...)

Improvisation: gerade Linien durchschneiden Raum

Du hast dir etwas in den Kopf gesetzt, und Dein Vorhaben ziehst du jetzt durch, eisern: du gehst geradelinig durch den Raum, wie es ebenfalls die ganze Gruppe tut. Ohne Rücksicht auf Verluste, jeder für sich. Beobachte dich, wenn du mit anderen zusammenstößt, beobachte, was geschieht, wenn Vorstellungen und Meinungen aufeinander prallen. Spätestens an der Wand findest du dann eine unnachgiebige Grenze. Wie gehst du mit ihr um? Stößt sie dich an oder ab, oder beides zugleich? Was brauchst du, um dich erneut auf den Weg zu machen, oder hast du vielleicht gar nicht Halt gemacht, sondern nahtlos übergreifend die Ankunft schon als Abschied eingeplant in der Ökonomie deines Körpers? Vielleicht entdeckst du an dir eine typische Gangart, wenn du durch nichts abzubringen bist, dein Ding durchziehen möchtest, unbeirrbar. Vielleicht entdeckst du eine unbewußte Strategie, von der du glaubst, daß sie dich am besten an das Ziel bringt. Beobachte: wie setzt du dich durch? – Wenn überhaupt – Und wie gehst du mit Widerstand, mit Hindernissen um? Und dann, auf ein Zeichen des Gruppenleiters hin, wird beschleunigt, das Ganze spielt sich jetzt in einem Gang höher ab, du schaltest hoch. Auf ein Zeichen des STOP wiederum verharrst du, so wie du bist, wie eingefroren in dieser FREEZE-Übung. Dann gehts weiter. Und nun drängeln sich alle im Zentrum: Stoßzeit. Stau! Wie gehst du damit um? Wieder ein STOP ermöglicht dir die Selbstwahrnehmung. Ständiger Wechsel zwischen Bewegungsfluß und emotionaler Mobilmachung – etwa der Suggestion: RENNE UM DEIN LEBEN! – bringt dich in einen Zustand, wo du dich vielleicht fragst: Was soll das Ganze? Und wozu immer neu anfangen, wenn man doch damit aufhören muß? Genau, da sind wir in einem Zustand, in dem Motive und Motivationen hinterfragt werden. Und manchmal fühlt es sich an wie Meditation.

Rollenspiel: ...„Ich tue alles für dich" ... was tun, wenn keiner da ist?

Ich motiviere mich selbst, indem ich mir einen anderen suche, für den ich es tue. Ich suche mir einen Partner, dem ich eine bestimmte Rolle zuweise.
1. Schritt: Was tue ich, nur weil ich es für einen anderen tun kann?

2. Schritt: Welche Rolle muß ich dem anderen zuweisen, um zu dieser bestimmten Tätigkeit ausreichend motiviert zu werden?
3. Finde für diese Tätigkeit ebenso wie für die Rolle eine passende Haltung, typische Bewegungen.
4. Spiele das Motivationsspiel durch, dann wird ausgetauscht und gewechselt.
Und nun führst du wieder deine Tätigkeit aus. Diesmal aber ist der Partner im Fortgehen begriffen – warum auch immer: ob er die Nase voll oder was Besseres gefunden hat – wie auch immer, er geht weg, ist weg. Du agierst in einem leeren, man könnte auch sagen, in einem freien Raum. Was passiert?
Angenommen: der eine geht. Der andere will ihn halten, jedoch nur mit der Kraft seines Ausdrucks, seines körperlichen Ausdrucks, ohne körperliche Berührung. Wie lange sehnst und hoffst und ziehst du innerlich noch? Wie bald gibst du auf, wie weit gehst du an die Grenzen, bringst dich voll ein, setzt dich ein, auch wenn das Spiel schon gelaufen ist?
Und jetzt – das Spiel ist gelaufen – beobachte: Du hast alle deine Energie in diese Hoffnung hinein investiert, dich noch einmal ganz ins Zeug gelegt. Umsonst. Beobachte, wie die investierte Energie der Illusion zu dir zurückkehrt, wieder in deinem Körper sich verteilt. Nur, um dich noch einmal neu ansetzen zu lassen ... Spiele jene Geste der Sehnsucht durch: den Arm ausstrecken, und nichts damit erreichen, buchstäblich. Den Arm wieder zu sich nehmen – ein Teil deines Körpers, wie jeder andere auch. Und dann setzt du wieder an: dieser Arm wird etwas ganz Besonderes, eine Ausweitung deines Selbst, sozusagen eine Filiale. Doch nein, es läuft nicht. Du mußt zusammenpacken ...

Drama: Warum?

Ach, wieviele edle Ritter mußten in einem Turnier mit geschlossenem Visier ihr Leben lassen! Ach, wieviel edle Ritter erkannten erst im Augenblick, da sie dem toten Ritter, ihrem Feind, das Visier öffnen, daß es ihr Freund, ihr Bruder, manchmal sogar ihre Geliebte gewesen war. Und ach, obwohl heute Turniere nicht mehr üblich sind, ist diese unselige Sitte noch immer unter uns, sagen wir in moderner Fassung: Bodyguard und Killer im Clinch, das Ich muß sich fragen: wen habe ich beauftragt – etwa beide? Kann es sein, daß ich nicht nur einen Bodyguard mir zugelegt habe, sondern meinen eigenen Saboteur und Killer bezahle? Ich sollte mal direkt in meiner doppelten Buchführung nachschauen!
Das Drama entfaltet sich zu seiner vollen und ungeahnten Größe, wenn du dich zu diesem Experiment bereit findest: du gehst mit vielen anderen Menschen in Raum herum. Nun gehst du in Harnisch, ganz Killer, ganz Bodyguard, ganz mißtrauisch. Du hast total dicht gemacht. Und mit dieser Haltung trittst du, zunächst ganz allein für dich, an einen Spiegel und fragst, laut oder leise: Warum?

Nur dieses eine Wort: Warum. Du wirst es dich immer wieder fragen. Du wirst deine Haltung ändern wollen und kannst dich nun voll einer tragischen Anklage hingeben, und wiederum fragen: Warum? Du kannst dicht machen und wie ein Staatsanwalt fragen: Warum?
Später kannst du dir einen Partner suchen, dem du gegenüber stehst. Alles was ihr euch gegenseitig und abwechselnd sagt, ist: Warum?
Das ist das Drama der Frage, die nicht wahrhaben will, daß sie schon ihre eigene Antwort ist: es kann sich zum unauflösbaren Clinch aufschaukeln.
Eltern machen es sich da einfach, wenn die Kinder ihnen allzu viele Löcher in den Bauch gefragt haben. Sie sagen: Darum. Aus.

Figur: Der Archetyp des Vaters, Patriarch, das Gesetz, Richter, Scharfrichter, Henker, Soldat, Söldner, Killer.
Der Ritter, der Samurai
Der Schnitter, der Sensenmann
Der kaltblütige Geheimagent, Spitzel, Spion,
Der Kommissar, der einen tiefen Zug aus seiner Pfeife nimmt, einen tiefen Zug daraus tut – und die Lösung weiß: alle Details des Puzzles fügen sich zusammen, machen Sinn, ergeben ein Bild.

Slogan:	Love it or leave it Stop wasting my precious time Stop the world, I want to get off
Comic:	ugh, yak Sssswish, zzap
Geräusche:	Schwerterklingen, Metall auf Metall, Kratzen der Kreide auf der Tafel, des Löffels auf der Pfanne, Gongschlag (der mit der genauen Zeitangabe das Kontinuum durchtrennt)
Klang:	metallisch durchdringend, schneidend, Echo, Hall-Effekt
Instrumente:	Bläser, Metall-Flöten, Gongs, Glocken Bestimmte Gongs wurden eingesetzt bei Enthauptungen: man stellte sich vor, damit den Austritt der entfliehenden Seele zu beschleunigen und durch eine klare Trennung einen Neubeginn und baldige Reinkarnation zu ermöglichen. In mancher Volksmusik beschreiben schrille Flöten lautmalerisch die Trennung von Körper und Seele im Augenblick des Todes.
Rhythmus:	bremsend durch spezifische Synkopierung: Betonung liegt auf dem vorderen Taktteil, auf der Zwei, „streut Sand ins Getriebe", „legt einen Stock zwischen die Beine",fordert zu höflichem, respektvollen Rückzug als Reverenz, oder zu kühler Reserve auf: viele Schreit-Tänze der höfischen Tanzkultur haben diesen Rhythmus.

Musikbeispiele:	„Doxology" von John Surman in „Withholding Pattern'" (was eben bedeutet: Muster der Verhaltenheit, der Zurückhaltung) „Saturn" von Steven Halpern, ebenfalls mit diesem Rhyhthmus, der auslaufen läßt, eine absaugend ent-täuschende Wirkung hat, einer Drainage gleich. „Saturn" von Holst „Medea" von Xenakis „Zoolock" von Michel Jarre Brian Enos Musik zum Film „Der Wüstenplanet" „Harmonies of the World": Planetenschwingungen, auf Synthesizer übersetzt, erzielen einen Abstand vom Irdischen und versetzen in planetarisch-kosmische Räume. Das Zwischendrin durch chromatische Harmonie-Durchgänge ausgedrückt, z.B. in den Madrigalen des Gesualdo da Venosa, oder auch bei Mozart.
Gerüche, Düfte:	auf Distanz gehend, kühl, abweisend, unverbindlich, unnahbar, die Intensität des menschlichen, natürlichen Geruchs ausradierend, überlagernd, mit künstlicher Geruchsnote, die die Funktion des Geruchs, nämlich Signalisierung, Anlockung, Kommunikation, in ihr Gegenteil kehrt.
Kostüm:	Nadelstreifen-Anzug, maßgeschneidertes Kostüm, Korsett (zwängt den Atem ein!) oder entsprechend enge Jeans (werden manchmal hilfreich für Begrenzungsrituale empfunden, vor allem bei Jugendlichen, die sich körperlich formlos fühlen)
Ort und Richtung:	ein Schritt zurück, nach hinten gehend, Vergangenheit, die noch als unmittelbar und verbindlich erlebt wird, jedoch schon in Lösung: im Dazwischensein (Inter-esse)
Leitperspektive:	Neuaufbau von Perspektive durch Distanz, Konstruktion von Zukunft durch Bewältigung der Vergangenheit
Bühnenbild:	fein ziselierte Strichführung, Stiche, pedantisch genauer Naturalismus im Pinselstrich, Caspar David Friedrich
Bauten:	Himmelstrebende Strenge der Gotik

Märchenphase: Dies ist die Phase des Abschieds

Das Happy-End hat sich nun doch als vorläufig erwiesen und erscheint als eine Phase, die jetzt durch den Abschied beendet wird. Es ist die Phase der Austreibung aus dem Paradies. Und auch wenn kein offensichtliches Vergehen, keine Schuld vorliegt: irgendein Grund hat sich eingefunden, der den Abschied unumgänglich macht.

In den mitteleuropäischen Märchen kommt da der Krieg gerade recht, denn der Ritter, der noch eben als Bräutigam feierte und seine Frau schwängerte, ist auch seinem Lehnsherren, dem König, verpflichtet, und justament jetzt bedarf der König seiner und fordert seine Dienstleistung, zu der er sich als Vasall verpflichtet hat, ein. Das Prinzip der Loyalität und der gegenseitigen Verpflichtungen, die Lehnsherr und Vasall miteinander eingehen im gegenseitigen Interesse, bestimmt auch heute noch unbewußt unsere Vorstellung von Treue und rechtem Handeln, von moralischem Gesetz. Manchmal, auch in den Märchen, scheint die Treue dem König gegenüber sogar wichtiger zu sein als die Bindung an Frau, Kinder, Haus und Familie, an die eigene Heimat und Herkunft. Der Abschied von der Familie kann aber auch durch eine geistige Verpflichtung zum inneren Rückzug, z.B. Kloster, geschehen.

Phantasie: Begegnung mit den hilfreichen Tieren.

In dieser Phase bist du allein. Du hast dich getrennt und kannst es noch nicht so recht glauben. Du stehst auf eigenen Beinen, aber dein Kopf ist voll von fremden Gedanken, Gedanken, die dich binden an deinen Groll, dein Ressentiment, die aber auch deine Reue und Dein Schuldgefühl binden. Immer wieder holen sie dich ein, wenn du vorwärts gehen möchtest, und holen dich zurück in die Vergangenheit, so daß du mehr in Nostalgie schwelgst als in der Sinnenfülle der Gegenwart lebst. Im Märchen ist es die Phase, da einer mutterseelenallein sich der Welt ausgesetzt fühlt und im dunklen Wald herumstolpert, bis er merkt: er weiß nicht aus noch ein. Da setzt er sich hin und weint bitterlich. Und wie er so mit Weinen beschäftigt ist und immer neue Gründe und innere Bilder findet und sich vor Augen führt, um weiter weinen zu können, da geschieht etwas Unerwartetes: es kommen die hilfreichen Tiere. Sagen wir, es kommt eine Ameise. Der Weinende bemerkt sie erst nicht, dann will er sie erschlagen, und erst als die Ameise ihn nach dem Grund seiner Klage fragt, horcht er auf: er wußte gar nicht, daß Ameisen sprechen können! Ach, sagt er jedoch, als ihm die Ameise ihre Hilfe, ihre Kräfte und Fähigkeiten anbietet, was können Ameisen schon ausrichten? Aber irgendwie ist ihm doch leichter ums Herz, und er fühlt sich nicht mehr so allein, auch wenn es nur eine Ameise war, die ihn angesprochen hat.
Und wie wir alle wissen, sind es oft gerade die Ameisen, die in Notlagen die rettende Lösung finden: sie sind z.B. so klein, daß sie durch winzige Löcher kriechen können ... und sie sind sehr fleißig und sehr viele ... sie vermitteln Fähigkeiten, die man sich gar nicht zugetraut hätte, und im Verbund mit ihnen gelingen wahre Wunder ...
Wenn du nun die Augen schließt – welches Tier meldet sich als erstes bei dir, und welche Fähigkeiten bietet es dir an? In jedem Augenblick gibt es ein Tier, das etwas von sich erzählen, seine Fähigkeiten beweisen, sich dir bewußt machen will: es sind deine instinktiven Fähigkeiten.

Ritual: Setze das Tier in dir frei

Manchmal siehst du ein Tier, das frei in der Natur lebt: eine Ameise, die herumkrabbelt, möglicherweise auf dir, ein Reh, das über die Straße läuft, ein Frosch oder ein Maulwurf, jeder in seiner Gangart und mit mehr oder weniger Glück, ein Vogel, der auffliegt und sich aus deinem Blick entfernt. Du folgst ihm, bis zum Horizont. Und du sagst ihm: Du bist frei.

Du versuchst es mit anderen Tieren, die sich aus deinem Blick entfernen. Du sagst es zu Menschen, die sich aus deinem Blick entfernen. Du bist frei. Und eines Tages bist du frei.

水

WASSER

Das Rauschen des Wassers
spricht, was ich denke.
(Chuang-tzu)

Was vor den Augen steht,
sieht aus wie längst vergangen
Im Nieselregen.
(Buson)

In der Welt zu sein,
womit läßt sich das vergleichen?
Als sei im Frühlicht
Ein Boot hinausgerudert,
Das keine Spur hinterläßt ...
(Manzo)

Mit Kormoranen
Taucht meine Seele unter
Und auf im Wasser ...
(Onitsura)

Die Winterbäume
Von alten, alten Zeiten
Ein Widerhall sind ...
(Issa)

In das Alleinsein, das bodenlos geworden,
fällt Schnee mit Regen.
(Joso)

Salz des Lebens ein Meer von mehr

Jahreszeit:	Winter
Tageszeit:	Nacht
Himmelsrichtung:	Norden
Klimatische Entsprechung:	Kälte
Farbe:	schwarz-blau
Geruch:	faulig
Geschmack:	salzig
Emotion:	Angst
Ausdruck:	Seufzen
Speicherorgan:	Nieren
Werkstattorgan:	Blase
Sinnesorgan:	Ohren
Sinnesfunktion:	hören
Körperteil:	Mark und Knochen, Zähne, Gehirn („Meer des Marks"), Urogenitalsysten
Körperfunktion:	durchhalten, überwintern

Geistfunktion:

tsche oder tschen ist eine Kraft, die die Seele bewegt, aber nicht die Seele selbst ist. Es ist eine Energie, die das i, das pro und das hun bewegt, aber als eine Energie, die außerhalb dieser Bereiche liegt: wir könnten sagen, es sei die Lebensenergie überhaupt, die als Reservoir an Ressourcen dem Menschen zur Verfügung steht. Sie vermittelt sich als eine Art Urvertrauen, das an keine Bedingungen geknüpft ist, jedoch durch negative Einflüsse von Außen – auch durch falsche Ernährung oder unachtsamen Umgang mit der Lebensenergie – sich verändern kann.

Urbild: Die Welle mit ihrem Auf und Ab
Das Grundwasser, das sich sammelt

Vorstellung: in der Tiefe liegt der gemeinsame Nenner
Tiefer als der Abgrund geht es nicht
Alles ist Eins im All-Ein-Sein

Chi-Bewegung: Geht mit der Schwerkraft, zieht nach unten
Sammelt sich auf der tiefsten Ebene

Leere: Leichtsinn, Unbewußt, oberflächlich

Fülle: wenn das „Herz in die Hosen gefallen" ist: Depression als Folge von Angst, „Angst essen Seele auf", Angst zieht das Chi nach unten, hält fest durch Enge und Winterstarre, friert ein, stagniert

Lebensaufgabe: Kontinuum aufbauen durch Willenskraft, Konsequenz und Durchhaltevermögen – Frustrationstoleranz

Staatsdienst: die Nieren sind die Verwalter der Lebensenergie
Die Blase verwaltet den Überfluß, reguliert den Wasserhaushalt, beide zusammen sind die Oberkontrolleure des Wasserhaushaltes, übernehmen die Verwaltung von Bewässerung und Entwässerung.

Organzeit: Blase: 15.00-17.00
Niere: 17.00 - 19.00

Psychosomatisches Klischee:
Die Nieren haben im Körper die Aufgabe, die flüssigen Stoffe zu filtern, zu reinigen und zu entgiften und nicht mehr Benötigtes auszuscheiden. Da die Nieren paarig angelegt sind wie die Lunge und die Eierstöcke/Hoden, könnte man die Assoziation wagen, Nierenprobleme hätten etwas mit Partnerkonflikten zu tun. Dabei ist jedoch nicht der erotische/sexuelle Kontakt der Sexualorgane und auch nicht der Kontakt in Form von Bekanntschaft und Freundschaft gemeint, sondern jene Fähigkeit des Menschen, sich auf tiefster Ebene mit einem anderen Wesen einzulassen und von einem du angesprochen zu werden. Dieser Dialog ist zugleich ein In- Kontakt-Treten mit der eigenen Kraft in der Tiefe, mit den Quellen der Lebensenergie.
In der Blase sammelt sich die Flüssigkeit an, die ausgeschieden werden soll. Hat sich genügend angesammelt, so entsteht ein Druck, der das Loslassen notwendig macht. Blasenstörungen ebenso wie Bettnässen können auf seelischen Druck hinweisen, eine Not,die ein Mensch auf diesem somatischen Wege zu wenden versucht.

Psychologie: Die Kraft des Wassers wird das alte (große) Yin genannt.
Es ist die Kraft, die nach unten, in die Tiefe führt. Dort ist es kalt und dunkel, und erweckt die Frage nach den Überlebenschancen – gleichzeitig weckt es auch die Fähigkeit dazu. Die Begegnung mit dem Abgrund der eigenen Existenz, die die Existenzphilosophie etwa Kierkegaards zum Ausgangspunkt eines wesentlichen Lebens machte, kommt an der Konfrontation der menschlichen Grundfragen – wer bin ich, wohin gehe ich, woher komme ich, was soll ich – nicht vorbei. Meist führt diese Konfrontation zu einer Hinwendung bzw. Rückwendung zu Religiosität und Spiritualität. Oder aber, wie im Falle von Albert Camus, führt sie, „als Flucht nach vorne" in den Aufschrei der existentialistischen Rebellion gegen die Absurdität des Daseins, in den Mythos von Sisyphos, der dem Element Holz entspräche – damit würde ein neuer Zyklus beginnen ...

Wer jedoch die Konfrontation mit den Zweifeln scheut, bleibt stehen, erstarrt in Verzweiflung, fühlt sich kalt und unbehaglich und strahlt dies auch aus. Oft drückt der Körper durch eine Hohlkreuzhaltung diese Versteifung aus: im Kreuz, den Verbindungspunkt zwischen Oben und Unten, ist der Energiefluß und der energetische Austausch unterbrochen: auch die Bewegung nach oben, zum Licht, Himmel und Geist hin bleibt unverbunden und Stückwerk, so lange der Schatten der Tiefe nicht bewältigt und erlöst wurde. Der Mensch wirkt oberflächlich, unecht.
Bei Belastung reagiert Wasser mit Ängstlichkeit, Verfolgungsangst, die wiederum noch mehr das Chi nach unten zieht und schwächt. Der Organismus reagiert wie bei einem Schwächeanfall: mit Zittern, „Heulen und Zähneklappern" – dadurch kann er wieder Energie mobilisieren und ins Gleichgewicht bringen – ebenso wie Schlottern vor Kälte den Körper erwärmt. Oder aber der Körper reagiert mit Totstellreflex und die Seele mit einer Art Trance, in der das Leben als unwirklich erscheint.

Die Emotion des Wassers findet in der Verbindung mit anderen Elementen seine Nuancen:

Holz-Angst aus dem Unbewußten zeigt sich in diffuser Angst.

Feuer-Angst kommt aus der Angst vor Bestrafung für Maßlosigkeit und Illusion, zeigt sich in Angst vor der Lebensaufgabe.

Erde-Angst kommt aus dem schlechten Gewissen, zeigt sich in Angst vor der unbewältigten Vergangenheit.

Metall-Angst kommt aus der Entscheidungsschwäche, zeigt sich in der Angst vor der Zukunft.

Wasser-Angst kommt aus der Urangst vor dem Tod, zeigt sich in Existenzangst.

Krankheitsdispositionen:
Unterkühlte Extremitäten, kalte Hände und Füße.
Alle Nieren- und Blasenstörungen: Steine wie Entzündungen
Regelbeschwerden, übermäßige Schwellungen
Gleichgewichtsstörungen, Ohrensausen, Schwerhörigkeit
Taubheit, Schwindelgefühle

Therapie: Samadhi-Tank, Warm- und Kaltwasser-Rebirthing, Bäder in heißen Quellen, regenerierende Kuren, autogenes Training, Retreat, Alleinsein, Enlightment Intensive Beschäftigung mit spirituellen Fragen, wie C.G. Jung sagte: die Spirituosen durch Spiritualität ersetzen.
Klärung der Altersvision: wie will ich alt werden?

Drogen/Süchte: Alkohol, Trinken

Buffet-Rezept:	Misosuppe mit Wakame und schwarzen Pilzen, gekochter Karpfen mit Kartoffeln; Maishaartee, Weißwein.
Zubereitung:	braten
stärkend:	Eibischwurzel
beruhigend:	Petersilie
Räucherwaren:	Myrrhe, schwarzer Weihrauch, Kalmuswurzel

Fähigkeit: Sich erschüttern lassen, erschauern, das Tremendum der Ehrfurcht

chuey

ist der heilige Klang

Organübung: Niere

Ausgangsbewegung: Schulterbreiter Stand, mit lockeren Knien. Bauchatmung. Mit dem Einatmen die Knie strecken, als wollte man dadurch die Energie leicht anheben. Wenn möglich mit gestreckten Knien den Oberkörper über den Unterkörper nach unten abrollen, sich aushängen, dabei ausatmen. Hochkommen zur normalen Position, die Arme nach oben über den Kopf entspannt hängend wie Zweige einer Trauerweide hinauswachsen lassen, und aus dieser entspannten Position die Arme über die Seite in weitem Bogen geführt, die Hände zu leichten Fäusten geformt, alles an Kraft einsammeln und mit einem Satz in die Hocke sacken lassen, wobei die Arme einen Art verschließenden Hebelgriff ausführen. Dabei den Ton chuey rasch ausatmen.
Alle Energie ist nun unten, unter der Erde, dort wo die Pflanze überwintert, und von wo sie im Frühling neu zu wachsen beginnen wird.
Ruheposition: Entspanntes Stehen, Schließen der Augen, nach innen gehen, nach innen hören, wohlwollend lächelnd sich eine spiralförmige Verbindung zwischen Ohren und Nieren vorstellen, dazu die Vergegenwärtigung der Farbe Blauschwarz, damit die Nieren ihren idealen Tonus finden und sich reinigen können.

Visualisation:
schwarz glänzende Nieren Schalen der Muscheln am Boden des Meers

Tier: Kranich

Kranichübung:

Ausgangsposition ist schulterbreiter Stand, Füße parallel, Knie locker.
Haltung ist gesamtkörperlich ein gelassenes Warten: der Kranich steht auf einem Bein und betrachtet eine spiegelnde Oberfläche eines seichten Gewässers, wartet auf die Beute des vorbeiziehenden Fisches und wird im Warten wie Wasser selbst.
Der Bewegungsablauf verlagert das Gewicht auf ein Bein, während das andere sich anwinkelt und hebt, am Knie wie von einem Marionettenfaden nach oben gezogen. Gleichzeitig heben sich die Hände vor der Körpermitte, als wollten sie eine Schale zum Herzen heben. In der einbeinigen Haltung sich ausbalancierend wird nun die Energie vom Herzen ausgehend in die Weite verteilt: der Kranich plustert sich, spreizt die Flügel. Die Hände werden mit den Fingerspitzen nach oben, in Schulterhöhe zur Seite geführt. Mit locker herabhängenden Fingerspitzen werden die Arme über die Weite nach oben geführt, sodaß die Handflächen nach vorne schauen, und vor dem Körper wieder hinunter abgeführt, während in dieser letzten Phase das unbelastete Bein sich seiner Ferse bewußt wird und mit ihr zum nächsten Schritt ausholt, aufsetzt.
Das Ausatmen begleitet das Aufsetzen der Ferse, als würde flüssiges Körpergewicht in das belastete Bein, in den Fuß umgeschüttet. Das Einatmen begleitet das Ausbreiten der Schwingen, die Ruhe zwischen den Atemphasen hält die Welt in Atem, im Gleichgewicht.
Die Energie wird weit wie Wasser, das sich ausbreitet und keinen Widerstand kennt.

Gangart: Floating

Ausgangsposition: Füße geschlossen. Die Arme hängen seitlich am Körper herab, jedoch mit einer leichten Spannung in den Oberarmen, die einen Zwischenraum zwischen Körperseite und Armen offenhalten. Durch die Vorstellung einer aufsteigenden Energie und eines ebenfalls aufsteigenden Atems entsteht ein Spielraum zwischen Becken und Fußsohle, der die Schritte entlang des Bodens gleiten läßt. Die Bewegung hat etwas Traumhaftes, indem sie durch ihre Verlangsamung und der Vermeidung aller Impulse und Akzente eine neue Zeit- und Raumstruktur erschafft.

Bewegungsqualität: gleiten, schweben – wie ein Fötus im Mutterleib

Die Beine kaum vom Boden heben, über der Erde schweben, sodaß der Zuschauer den Boden unter den Füßen verliert.

Bewegungsfunktion: sich dem Fluß anvertrauen

Bewegungsform: treiben, schwimmen, tauchen, driften, schleifen, schlürfen, schweben, schwofen.

Die Bewegungsformen des Wasserelements sind in sich schon Trance-induzierend: wenn man länger sich in dem eleganten Dahinschweben des lässigen Bossa-Nova geübt hat, oder den schneller aber wie dahinschwebenden Schritt der afro-brasilianischen Meereskönigin Yemanja kennt, der gerät allein schon beim Ansehen dieser Bewegungen in einen Zustand des Driftens bis Abdriftens: es schaut aus, als würden die Tänzer über das Wasser gehen, dahin gleiten – so stark kann die Verzauberung sein, daß der Eindruck entsteht, die Erdoberfläche sei spiegelglatt. Aber wenngleich die Bewegung so einfach aussieht, als müßte man sich nur tragen und treiben lassen, so ist sie mit das Schwerste, was ein Tänzer erlernen kann, denn es hängt nicht nur mit der Beherrschung der Muskeln zusammen, sondern auch mit der der Nerven, die für die Feinmotorik zuständig sind. Es bedarf eines gelassenen, ausgeglichenen Gemüts, eben jenes Gleichmuts, der sich durch Nichts aus der Ruhe bringen läßt.

Partnerübung: Urvertrauen zum tragenden Grund

Diese Übung ist ideal in der Gruppe zu machen, kann aber auch zu zweit geschehen. Es geht darum, die Anstrengung eines tatsächlichen Tragens, Schleppens und Hievens zu ersetzen durch eine Atem- und Massagetechnik: Wenn ihr zu zweit seid, setzt sich der eine an den Kopf des anderen, der auf den Rücken liegt, und faßt ihm unter die Schulterblätter, ganz wie beim Rettungsschwimmen übrigens. Nun beobachtet der „Träger" den Atem des Liegenden und macht ihn sich zu nutze: mit dem Ausatem drücke ich ganz leicht aber nachdrücklich die Finger in die (oftmals verspannten) Rückenmuskeln im Bereich der Schulterblätter, dort, wo man das Gefühl hat, daß einem

Flügel wachsen könnten, wenn man sehr entspannt ist. Die einzige Arbeit, die der „Träger" leistet, ist, sich auf den Atem zu konzentrieren und die Wellenbewegung einzuschätzen – wann kommt der Einatem wie eine Welle herangeflutet, und wann geht er in den Ausatem herüber? Dann beim Ausatmen, braucht er nur leicht die Finger anzukrümmen und mit den Fingerknöcheln sich gegen den Boden abzustützen, dann behutsam den Druck zu verringern und wieder die Finger sinken zu lassen. Das ist alles – und es bewirkt die tief entspannende Vorstellung, in Abrahams Schoß oder im siebten Himmel zu sein.
Achtung: diese Vorstellung ist natürlich nur dann entspannend, wenn man angenehme Assoziationen mit solch „abgehobenen" Orten verbindet! Der Widerstand muß immer auch miteingeschlossen und berücksichtigt werden.
In einer Gruppe legt sich einer in die Mitte und bekommt von allen Seiten Hände, Finger untergeschoben. Schon das ist eine Erfahrung wert – und wenn nun alle Finger gleichzeitig im Atemrhythmus sich heben und senken, kann man ganz schön „abdriften" und sich wohlig im Urbad des Fruchtwassers treiben lassen.

Meditationsart: Latihan: eine Form von Trancetanz
das Es sich tanzen lassen, spontane, unwillkürliche Bewegungen des Zitterns, Zuckens und Ruckens zulassen, sich bewegen lassen (auch emotional).

Bioenergetik: Fallen, nachgeben, aufgeben

Mudra: die Hände erheben sich wie schlafwandlerisch, wie getragen von der Luft, auf der sie aufliegen – so als ob sie unaufhörlich eine unsichtbare weiche Wand berühren; (wie auf einem Tablett)

Maske: Totenmaske: das Gesicht ist völlig entspannt, alle Muskeln sind zum Stillstand gekommen, alle Masken durchgespielt und abgenommen, es bleibt das Wesentliche, das Wesen.

Ausdruck: Gleichmut

Improvisation: Die Maske abnehmen, den Eindruck löschen

Diese Übung kannst du allein machen, aber wirkungsvoller und auch lustiger ist sie sicher zu zweit. Dein Partner hat nur die Aufgabe, dich beeindrucken zu wollen. Er arbeitet mit starken Gefühlen, die dich reizen, teilzunehmen, verführen, abstoßen sollen. Und du reagierst wütend, aufgebracht, mitleidig, geschmeichelt, nun eben so die ganze Palette möglicher Reaktionen durch. Aber kaum ist in dir die Gestalt, die die

Reaktion hervorgerufen hat, entstanden, merkst du schon, wie sie wieder sich aufzulösen beginnt, wie auch der Wurf eines Steines kurz die spiegelnde Wasseroberfläche stört, sich verflüchtigt, – gelöscht wird, als hätte er nie stattgefunden. Nur deine Erinnerung hält noch fest an dem Eindruck. Draußen ist er gelöscht. Genauso läßt du die emotionale Reaktion als Gestalt in dir zu, und dann, als würde ein Tuch über dein Gesicht gezogen, löst sie sich auf: Ruhe kehrt ein. Von nun an bist du unberührbar, und wenn die Emotionen noch so sehr an dich heranschwappen – laß sie verebben. Bis zum nächsten Steinwurf.
Du kannst das Löschen darstellen, indem du mit der Hand über das Gesicht fährst: den Gesichtsausdruck löschst. Oder auf ein vereinbartes Zeichen, etwa Klatschen hin, die ganze Körperhaltung löschst, indem du langsam wieder eine unbeteiligte, neutrale Haltung, im Stehen oder auch im Sitzen oder Liegen, einnimmst.

Rollenspiel: Mutter besänftigt streitende Kinder

Die Bewegung, die besänftigt, soll hier eine typische Handbewegung der afro-brasilianischen Meeresgöttin Yemanja sein: sie gleicht einer Bewegung, als wolle man die Wellen beruhigen und sie gleichzeitig durchschwimmen. Yemanja hat die Ruhe weg, auch beim stärksten Wellengang. Sie schlichtet und besänftigt, sie ist jene Ideal-Mutter, die über endlose Geduld verfügt. Sie hat allerdings auch ihre Schattenseiten: sie kann so sehr beruhigen, daß es tödlich einschläfernd wirkt, und sie übt einen mächtigen Sog auf Menschen aus: man sagt, es sei ihre Liebe, die Schiffer und Fischer auf den Meeresboden zu sich zöge. Deshalb wird um ihre Liebe gebeten, jedoch mit dem Zusatz, diese Liebe möge sich in menschlichen Grenzen halten – Yemanja liebt nämlich das Grenzenlose und hat da andere Kräfte aufzubieten als so ein armer Mensch.
Wer aber sich mit ihr einläßt und ihre Liebe annehmen kann, ohne zu versinken, den lehrt sie ihre Kraft des Gleichmuts, mit der sie alle anderen Götter außer Kraft setzen kann.
Du übst also diese horizontal kreisende Schwimmbewegung der Hände und Arme in einer Höhe, die dir angenehm ist (es sollte nicht höher als die Ebene der Brust sein, da einem sonst ja das Wasser schon bis zum Hals steht, und man alles andere als gleichmütig um sein Leben rudert und paddelt!). Und dann, wenn du ganz sicher und vertraut mit dieser archetypischen Bewegung des Besänftigens, Ausgleichens und Schlichtens bist und dir zutraust, auch die Größenunterschiede, Störungen und Reize (die letztlich ja auch Abwechslung sind und Information beinhalten!) mit dieser Bewegung zu löschen, d.h. in gewisser Weise zu vernichten, in dem sie das Nichts, die Leere einkehren lassen, dann kannst du diese Waffe an einem Partner ausprobieren.

Drama: Mutter hat Verständnis für alle und behält immer Recht

Du hast vielleicht eine Musik gefunden, die dich besonders in dieser gleichmütigen Geistes- und Körperverfassung unterstützt, und du nimmst jetzt noch einmal die Handbewegung auf, bewegst dich vielleicht „schwimmend", d.h. schwebend, gleitend, ohne Rhythmus und Akzentsetzung durch den Raum, so daß eine Atmosphäre entsteht wie in einen Aquarium. Und nun, während du diese Bewegung weiterlaufen läßt, wird die Musik abgestellt und andere Musiken aufgelegt. Es sind Musiken, mit denen sich starke Gefühlsinhalte assoziativ verbinden – z.B. Musiken, wie sie für die anderen Elemente verwendet wurden. Und nun stellst du dir vor, wie alle diese anderen Musiken bestimmte Seelenzustände markieren, und, darüber hinaus, bestimmte Kindheiten lautmalerisch darstellen, während du als gute Mutter für alle Verständnis hast, alle besuchst, alle zu dir nimmst und in ihrer Vielfalt würdigst. Und trotzdem: Du bleibst bei deiner mütterlichen Gleichmut, bevorzugst nicht das eine noch das andere Kind, versetzt dich zwar verständnisvoll in seine Sorgen und Nöte, würdigst seinen Ausdruck, aber du selbst bleibst Mutter. Du selbst wirst nicht zum Kind und gehst nicht ein auf Kindereien. Wer kann dir da noch widerstehen? Oder aber kann es sein, daß gerade diese unanfechtbare Souveränität den Widerstand anfacht – auch die Flucht ...

Figur: Archetyp des Mysteriums, der Weise, die Fee, Zauberin, Schamane,
Eisprinzessin, Mondfee, Somnambule, Sphinx
Meereskönigin, Nixe, Sirene
Sedna, die Herrin des Lebens, die im Meer wohnt
die Es-Ebene

Slogan:	Go with the flow
Comic:	b r r r r r r r Schlotter
Geräusche :	Klirren, Klingeln Seufzen, Ächzen, Stöhnen Quietschen der Türangeln das aufschluchzende Seufzen eines Kindes im Schlaf, wenn es den Atemrhythmus wechselt, Stille
Klang:	gläsern, hell, schwebend, nachklingend durchdringend, durch „Mark und Knochen"
Instrumente:	Glasorgel, Windharfe, Klangschalen, Drehleier, Synthesizer
Rhythmus:	keiner, keine Akzentuierung, Phrasierung „clusters", d.h. Klangräume mit fliegenden Grenzen
Musikbeispiele:	Vangelis Musik zum japanischen Film „Antarctica", vor allem das Stück „The other side", Brian Enos Musik zum Sciencefiction-Film „Der Wüstenplanet", das Stück „Prophecy Theme"

die unveröffentlichte Bühnenmusik zu einem Butoh-Theaterstück, choreographiert von Ko Murobushi: Hyme
Györgi Ligeti, „Lontano"
Klaus Wiese, „Klangschalen"
Obertongesang z.B. von Michael Vetter, von Hans-Peter Klein etc.
auch cool jazz, unterkühlte Klänge, denen ein flüchtiger, unverbindlicher Rhyhthmus etwa des Bossa Nova unterlegt wurde: z.B. „Barcarole" von Pat Metheney; „The secret of seven winds" LP „Tales of Power" von Julian Horky; „Waves" CD „Voyager" von J. Horky

Gerüche, Düfte:	jungfräulich, frisch, unberührt, frisches Leinen
Kostüm:	Soutane, Ministrantengewand, Nachthemd, Morgenrock, Unterwäsche, Sträflingsanzug, Anstaltskleidung jeder Art, Zwangsjacke, antiseptische Krankenhausbekleidung bei einen chirurgischen Eingriff, Leichentuch. Oder auch schwarze Kluft, in die sich zuweilen junge Mädchen werfen, vielleicht um eine Gefühl der Selbstbewahrung zu entwickeln.
Ort und Richtung:	Ferne, Horizont, wo Zukunft und Vergangenheit sich treffen, Hochplateau, Meeresboden
Zeitperspektive:	über die realen Dingen hinwegschweifend in die Weite
Bühnenbild:	arktische Eiswelt, funkelnde Eisflächen, schimmernde Oberflächen aufgelöst in ihrer Kontur, blendend, daß es einem schwarz vor den Augen wird als Gegenreflex und die Netzhaut ihre eigenen Bilder produziert, nordische Landschaft wie in dem Bild von Edward Munch „Der Schrei"
Bauten:	Versunkene Städte

Märchenphase: Der Fall in den Brunnenschacht

Ähnlich wie es geschehen kann, daß einer zu einem Baum kommt und darauf klettert, und dann dieser Baum sich selbst in Bewegung setzt und in den Himmel wächst, so kann es auch geschehen, daß man unversehens in einen Brunnen fällt, und dadurch in eine Welt unterhalb der Welt, in ein Reich der Unterwelt gelangt. So geschehen im Märchen von Goldmarie und Pechmarie, die beide in den Brunnen fallen und Frau Holle in der Unterwelt begegnen.
Doch während Pechmarie alles falsch macht, insofern sie sich verwöhnen und bedienen lassen will von dem Reichtum der Tiefe, fühlt sich Goldmarie verpflichtet, den Bedürfnissen der Wesen nachzukommen: sie tränkt den Baum, der Durst hat, nimmt das Brot, das verbrennt, aus dem Ofen, tut alles zum richtigen Augenblick und wird, wie das in den Märchen so ist, auch dafür belohnt. Aber auch auf der Ebene des Organismus scheint es ähnlich zu gehen: wer in einer kindlichen Erwartungshaltung verharrt und Raubbau betreibt mit seinen Kräften, keinen Dialog führt mit seinem Selbst, seinem Wesen und seiner Kraft, die aus der Tiefe kommt, der wirtschaftet sich selbst in den Ruin, in vorzeitiges Altern und eine erschöpfte Lebensmüdigkeit hinein. Der Brunnenschacht, in den der goldene Ball – Symbol für die Sonne im Winter – fällt, stellt einen Kanal, eine Verbindung zur Unterwelt, auch zum Unbewußten dar und könnte als der

Stamm des geistigen Lebensbaumes zu sehen sein (entsprechend dem Lebensbaum in der Kabbalah), dessen Wurzeln ja im Himmel sind, und der von oben nach unten, in die Verwirklichung hinein wächst. Der Saft, der im Winter zu den Wurzeln zurückeilt, könnte die Lebensenergie symbolisieren, die in Phasen des Rückzugs, Exils, der verkannten und gedemütigten Existenz, die ganz auf sich zurückgeworfen ist, sich auf ihren geistigen Ursprung besinnt und daraus neue Kraft schöpft. Im Märchen werden diese Phasen des Exils oft eingeleitet durch die Abwesenheit des Königs, der in den Krieg ziehen mußte und den Intrigen der bösen Mutter, der Stief- oder Schwiegermutter, die die junge Frau auf harte Proben stellt, sie beim König verleumdet und bewirkt, daß sie von Hof gejagt wird. Ist diese aber kraft ihres Gottvertrauens fähig, die Phase heil durchzustehen, und weder an Seele noch an Leib Schaden zu nehmen, so wird sie rehabilitiert: Tiefenpsychologisch würde dies bedeuten, daß die böse Mutter nun integriert wurde, und ihr Todestrieb keine Macht mehr über das Leben hat: ein Prozeß der Vergeistigung – nicht durch Begeisterung, sondern durch Anknüpfung an den eigenen Ursprung, durch Integration und Transformation – hat stattgefunden.

Phantasie: Ausgesetzt auf dem Strom

– so ist es Moses gegangen, der als Neugeborenes in ein Körbchen gepackt und den Fluten überlassen worden war. Moses hatte Glück, und sicher hat Gott dabei mitgemischt, daß er justament von einer Prinzessin gefunden wurde, die sich nach Kindern sehnte und ihn bei sich aufziehen ließ. Der unbekannte Gott, ein alter Naturgott, der in den Wassern des Stroms wohnt, spielt im Alten Testament immer wieder eine Rolle, so z.B. in der Geschichte,wo Jakob mit dem Engel ringt. Kurz zuvor hat er bei einem Strom genächtigt und wurde nachts vom Rauschen des Wassers überrascht. Der Gott des Wassers – vielleicht das unbekannte, unbewußte Antlitz des Himmelsgottes, sozusagen seine andere Seite? – versucht Jakob zu überwältigen, und Jakob ringt auch mit ihm, scheint die Oberhand zu gewinnen, denn der Wassergott will sich ihm entziehen, doch Jakob sagt: Ich lasse dich nicht, es sei, du segnetest mich – d.h. Jakob will den Dialog, spricht das unbekannte Wesen an und verlangt nach dessen Integration im Segen.
Du kannst in deiner Phantasie dich in diesen Zustand des Ausgesetztseins versetzen: Du liegst bequem, auf dem Rücken. Du stellst dir vor, unter deinem Rücken fließt Wasser, du treibst darin und obenauf, vielleicht hilft dir die Vorstellung von Salz, das trägt, dich dem tragenden Grund noch mehr anzuvertrauen.
Nun kannst du auch noch mit den Händen die Ohren verschließen, den Druck der Hände auf die Ohren beliebig verstärken und wieder schwächer werden lassen, je nachdem, wie es einfacher für dich ist, deinen Körperinnenraum zu erspüren, das Rauschen innen zu hören, mit deinen Sinnen ganz tief zu dir selbst zu gelangen. Natürlich kannst du die Hände auch später durch Ohrstöpsel ersetzen und mit einer

Augenbinde den Eindruck absoluter Dunkelheit verstärken. Aber für den Anfang ist es gut, einfach die Augen zu schließen und sich die Ohren zuzuhalten – eine Geste, die auch im Alltag ihre Bedeutung erhält, wenn man „dicht machen" will.

Ritual: Namenlos

Vielleicht hast du als Kind, als du schreiben gelernt hast, deine Unterschrift geübt, hast versucht, sie schmissiger oder imposanter oder erwachsener zu gestalten, denn sehr bald ist dir klar geworden, wieviel Bedeutung und Gewicht dem Namen, der namhaften, benennbaren Identität gegeben wurde und welche Funktion der Unterschrift zukommt: es ist wie eine Bestätigung, die du gibst mit deiner ganzen Person. Sie betrifft die Ebene deiner Identität, deiner Persönlichkeit. Und nun, für dieses Ritual, setzt du dich nochmals hin und übst deine Unterschrift, als wäre es zum erstenmal, als hättest du nicht schon tausendmal unterschrieben: Du tust so, wie das Kind damals, das einfach seine Erfahrungen mit seinem eigenen Namen und mit seiner Unterschrift macht. Und während du immer und immer wieder deinen Namenszug gestaltest, kann es sein, daß Bilder, Gefühle, Erwartungen, innere Haltungen und Sätze in dein Bewußtsein dringen: alles, was du mit diesem Namen verbindest und was diesen Namen mit Persönlichem angefüllt und ihn individuell geprägt hat. Du läßt auch die Wünsche zu Worte kommen, die Wünsche nach einer bestimmten Persönlichkeit, wie sie bis jetzt vielleicht erst nur als Wunschtraum exisitiert, und du legst diese Wünsche nach dem, wie du sein möchtest, in deine Unterschrift, schreibst sie dazu, notierst sie als Charaktereigenschaften, Adjektive, als Prädikate. Und während du deinen Namen so schreibst, hast du manchmal das Gefühl, als hätte sich schon etwas verwirklicht, allein durch das Schreiben, Benennen.
Und dann nimmst du dieses Papier, faltest es zu einem Boot, und setzt es aus: beobachtest, wie es von den Wellenbewegungen des Wassers mitgenommen und schließlich verschluckt wird, wie die Tinte sich auflösen und die Schrift ausradieren wird, und sogar das Papier selbst aufweichen wird im Laufe der Zeit. Und wenn dir nichts mehr daran liegt, daß die Wünsche und deine Unterschrift und auch das Papier, auf dem sie festgehalten sind, in Ewigkeit verbürgt fortexistieren, wenn in dir sich die Fixierung an die Wünsche, an deine Persönlichkeit, an ihre Bewertung und Bedeutung sich aufgelöst haben, dann weißt du – und dies ist ein inneres, tiefes Wissen –, daß etwas sich zu erfüllen beginnt ...

Literaturliste

Die Literaturliste ist nach Gebieten geordnet und gibt nur Werke in deutscher oder englischer Sprache an, die für dieses Buch von Bedeutung sind und als Hilfe für die Autoren gedient haben, aus den Bereichen:

Chinesische Medizin, Chi Kung, Taoismus-Buddhismus, Butoh, Kalligraphie.

Chinesische Medizin

CONNELLI, DIANE M.: Traditionelle Akupunktur - das Gesetz der 5 Elemente; Endrich, 2. Auflage 1988

DIOLOSA CLAUDE: Die 5 Elemente und ihre Erkrankungen. Skriptum von Seminaren und Vorträgen gehalten 1987 in Wien; Selbstverlag Wien

ECKERT, ACHIM: Das heilende Tao; Bauer 1989

FULDER, STEPHEN: Tao der Medizin. Ginseng, östliche Arzneien und die Pharmakologie harmonisierende Heilmittel; Sphinx 1985

FÜRSTENBERG, GOTTFRIED: Die Grundlagen der chinesischen Heilkunde; Selbstverlag 1987

KAPTCHUK, TED: Das große Buch der chinesischen Medizin; Barth 1988

PORKERT, MANFRED: Die chinesische Medizin; 2. Auflage, Econ 1986

PORKERT, MANFRED: Die theoretischen Grundlagen der chinesischen Medizin; Hinzel 1982

SEEM, MARK: Bodymind Energetics; Thorstons Publishing Group, 1987

TEEGUARDEN, RON: Chinese Tonic Herbs; Japan Publications 1985

Chi Kung

CHANG, EDWARD G.: Gesundheit und Fitness aus dem Reich der Mitte; Barth 1987

DAHONG ZHUO: The Chinese Exercice Book – from ancient & modern China – exercices for well-being and the treatment of illness; Hantley & Marks Ltd 1984 (Dieses Buch ist auch in deutsch in 2 Bänden im Schangrila Verlag 1986 erschienen)

GUORUI JIAO: Qigong Yangsheng. Gesundheitsfördernde Übungen der traditionellen chinesischen Medizin; ML-Verlag, 2. Auflage 1988

LIE, FOEN TJOENG: Chinesische Naturheilverfahren.; Falken 1986

PALOS, STEPHAN: Atem und Meditation; Heyne 1985

SCHILLING ASTRID / HINTERTÜR PETRA: Qi Gong – Der fliegende Kranich; Windpferd 1989

ZÖLLER, JOSEPHINE: Das Tao der Selbstheilung. Die chinesische Kunst & Meditation der Bewegung; Ullstein, Neuauflage 1988

Taoismus- Buddhismus

AL HUANG / CHUNG LIANG: Tao Wetter; Sphinx 1987

BLOEFELD, JOHN: Das Geheime und Erhabene. Mysterien und Magie des Taoismus; Goldmann 1985

BLOEFELD, JOHN: Der Taoismus. Die Suche nach der Unsterblichkeit; Diederich 1988

COHEN, KENNETH: Der Habicht und die Schlange; Chiron 1985

HEIDER JOHN: Tao der Führung; Sphinx 1988

HUAI-CHIN NAN: Tao & Longevity. Mind-Body Transformation. Übers. von Wen Huan Chu; Element Books 1984

LAO-TSE: Tao Te King. Bearbeitung von Gia Fu Feng und Jane English; Hugendubel 1983

LIN YUTANG: Die Weisheit des Laotse, Fischer 1986

WATTS, ALAN: Der Lauf des Wassers. Eine Einführung in den Taoismus; Suhrkamp 1982

Kalligraphie

FAZZIOLI, EDOARDO: Gemalte Wörter. 214 chinesische Schriftzeichen. Vom Bild zum Begriff; Lübbe 1987

KOMATSU, SHIGUMI (Hrsg.): Wong Kwang S. - Chinesische und japanische Kalligraphie; Priestel 1987

Butoh

Die Rebellion des Körpers. Ein Tanz aus Japan; Alexander Verlag, 2. Aufl. 1988

und alle bisher gespielten Performances von CARLOTTA IKEDA, JOSHITO OHNO, KAZUO OHNO, KO MUROBUSHI, MIN TANAKA, TATSUMI MIZIKATA ...

Index

Bewegungsform 11, 27, 42, 59, 75, 89
Bewegungsfunktion 11, 27, 42, 59, 75, 89
Bioenergetische Übung 11, 28, 43, 60, 75, 90
Chi-Bewegung 9, 23, 36, 52, 68, 84
Drama 12, 30, 44, 62, 77, 92
Drogen/Süchte 10, 25, 39, 55, 72, 87
Fähigkeit 10, 25, 40, 56, 72, 87
Figur 12, 30, 44, 63, 78, 92
Fülle 10, 23, 36, 53, 69, 84
Gangart 11, 27, 42, 58, 74, 89
Geistfunktion 9, 22, 36, 52, 68, 84
Haiku 9, 21, 35, 51, 67, 83
Heiliger Klang 10, 25, 40, 56, 72, 87
Improvisation 12, 29, 43, 61, 76, 90
Krankheitsdisposition 10, 24, 39, 55, 71, 86
Lebensaufgabe 10, 23, 37, 53, 69, 85
Leere 10, 23, 36, 53, 68, 84
Mantra 9, 22, 36, 52, 68, 84
Märchen 12, 31, 46, 64, 79, 93
Maske 12, 29, 43, 61, 76, 90
Meditation 11, 27, 43, 60, 75, 90
Mudra 12, 29, 43, 61, 76, 90
Organübung 10, 25, 40, 56, 72, 87
Organzeit 10, 23, 37, 53, 69, 85
Partnerübung 11, 27, 42, 60, 74, 89
Phantasie 12, 31, 47, 64, 80, 94
Psychologie 10, 24, 38, 54, 69, 85
Psychosomatik 10, 23, 38, 53, 69, 85
Ritual 12, 32, 47, 65, 80, 95
Rollenspiel 12, 29, 43, 62, 76, 91
Staatsdienst 10, 23, 37, 53, 69, 85
Therapie 10, 25, 40, 56, 72, 86
Tier 11, 26, 41, 57, 73, 88
Urbild 9, 22, 36, 52, 68, 84
Visualisation 11, 26, 41, 57, 73, 87
Vorstellung 9, 22, 36, 52, 68, 84

Auskünfte über das Projekt TAO – 5 Wandlungsstufen menschlichen Bewußtseins, ein Spiel-und Lernzyklus im Tai Chi Zentrum Shambala, A-1080 Wien, Josefstädterstraße 5/13 , oder:
COLOMAN-Zentrum für Therapie und Selbsterfahrung, D-8000 München 2, Augustenstraße 46/IV Rgb.

Inhaltsverzeichnis

Wie dieses Buch zustande kam
5

Wie dieses Buch zu lesen ist
8

Regelkreise
13

HOLZ
21

FEUER
35

ERDE
51

METALL
67

WASSER
83

Literaturliste
96

Index
98